이화 의인(醫人) 박에스더상을 수상한
문용자의 자전적 에세이

내게 능력 주시는 자 안에서

I can do everything through him
who gives me strength

이화 의인(醫人) 박에스더상을 수상한
문용자의 자전적 에세이

내게 능력 주시는 자 안에서

초 판 1쇄 발행 | 2017년 1월 7일

지은이 | 문용자
펴낸이 | 홍윤경

상임고문 | 성하길
편집고문 | 김인호
편집위원 | 김민우

편집진행 | 신영미
북디자인 | 오정화
자료 정리 | 구대선

펴낸곳 | 도서출판 재남
주소 | 서울시 도봉구 시루봉로 105 55동 204호
대표전화 | (070) 8865-5562
출판등록 | 제2014-29호

저작권자 ⓒ 2017, 문용자

* 이 책의 저작권은 저자에게 있습니다.
ISBN 978-11-953597-9-0 03810

값 | 15,000원

* 잘못 제본된 책은 바꿔드립니다.

Printed in KOREA

이화 의인(醫人) 박에스더상을 수상한
문용자의 자전적 에세이

내게 능력 주시는 자 안에서
I can do everything through him
who gives me strength

문용자 지음

재남

차례

프롤로그
지난 시절 그 모든 것이 축복 | 12

첫번째 이야기
아름다운 정원에서 놀던 어린 시절

부모님의 특별한 인연 | 17
마당에 시냇물이 흐르는 아름다운 집 | 19
내 어머니의 시집살이 | 22
네 자매와 별당 여자들 | 26
어머니의 위로가 되고 싶었다 | 27
소명의식을 새기다 | 28
유년시절 의사의 꿈을 갖다 | 30
허허벌판 잿더미에서 느꼈던 허탈감과 서러움 | 32
기독교 학교인 신명중학교에 진학 | 34
국수뭉치 50개, 위급한 순간에 하나님의 지혜가 | 38
예수님을 직접 보신 어머니 | 41
암울했던 고등학교 3년 | 44

김활란 총장님과의 극적인 만남 | 47
총장이름으로 장학금을 받으며 모교에 강당을 건립 | 49
도서관에서 밤새우고 병원으로 출근하던 시절 | 54
전능하신 하나님의 인도하심 | 55

두 번째 이야기
용감한 팔 남매의 맏며느리
그리고 NMC 수련의 시절

국립의료원 합격과 황성수 국회의장 | 61
죽으면 죽으리라 | 63
국립의료원 게이트 듀티 제도 | 66
미국유학은 하나님 뜻이 아니었다 | 68
도서관에서 만난 사람 | 70
친구들의 장난, 남편과의 인연 | 73
우리 부모님을 만나러 오신 시아버님 | 75
약혼식 하던 날 | 77

제약회사 대표이신 시아버님 | 80
국립의료원 수련의시절, 결혼생활 | 82
대학원을 마치고 박사학위를 받을 때 | 84
의사생활 반대하신 시아버님 | 89

세 번째 이야기
뜨거운 피로 빛과 소금이 되리

내 첫 병원 성도의원 | 93
시아버님이 주신 아들 낳는 약 | 97
가스폭발로 죽을 고비를 넘기다 | 99
하나님의 은혜로 숱한 생명을 살려냈으나 | 102
남편의 경제적 실패 그러나 역전된 우리의 삶 | 105
아이 넷을 데리고 병원으로 | 108
압구정동에 자리를 잡다 | 112
늘 은밀히 보시는 주님 | 114
샛별교회 송 목사님과의 만남 | 116

소망교회 곽선희 목사님을 만나다 | 117
벼랑 끝에서 용기를 | 118
소망교회와 전자오르간 | 120
소망교회 기도원과 엘림동산 | 124
곽선희 목사님과 '어느 여의사의 일생' | 128
차병원 신생아 실신 사건 | 131
예루살렘 성지순례 | 133
남편과 세계 라이온스 국제대회 | 134
주님, 이 사람을 살려 주세요 | 136
신앙의 길에서 만난 대통령과 따뜻한 영부인 | 139
기도는 내 삶의 필요를 늘 앞서 채워주었다 | 140
나의 신앙과 내 일생의 기도 제목 | 141
내 기도를 들어주시고 나를 높여주시는 하나님 | 144
남편의 라이온스 총재 및 국제이사 당선을 돕다 | 146
브라질 리우에서 만난 한 여인의 삶을 바꾼 기적 | 149
김우중 회장 부부의 시련과 신앙 | 152
소망교회 심야철야기도 팀과 한얼산 기도원 | 155
영은 교회와 전도폭발 | 158

네 번째 이야기

하나님의 은혜로 잘 자라준 아이들

아이들은 스스로 잘 자라주었다 | 163
김장환 목사님과 중국인 부부 | 165
부모의 리더십이 자녀의 미래를 결정 한다 | 167
아이들을 위한 나의 유일한 교육, 가정예배 | 169
대견한 큰딸 혜정이의 어린 시절부터 결혼까지 | 171
둘째 딸 신희정의 '러브스토리 인 하버드' | 176
하나님이 대신 키워주신 내 아들 신상진 | 182
막내 딸 희수의 바이올린 | 195
죄인에게 넘치는 은혜 | 201
자랑스러운 나의 손주들 | 203
사랑하는 가족, 모두의 행복을 기도하며 | 206

다섯 번째 이야기
박에스더상을 수상하다

시의원 출마의 배경 | 217

시의원 후보시절, 선거운동 | 221

서울시의원이 되어 강남구 지역발전에 혼신을 다하다 | 223

열악한 시립병원들의 시설 개선, 활발한 생활정치 실천 | 227

강남에 정신보건진료센터 설립,
한강변에 아름다운 방음림을 만들다 | 231

403억 예산을 들여 1,180M 구룡터널을 만들다 | 238

화제가 된 나의 시정질의 | 240

고려대 노동대학원에서 고 노무현 대통령을 만나다 | 244

영국 옥스퍼드 대학 연수와 당당한 여성리더
마가렛 대처 상원의원 | 248

캄보디아 프놈펜에서 'WOMEN IN POLITICS' | 253

이명박 대통령 당선에 일조한 주역으로 평가받음 | 255

중국과 한국의 의료정책 비교 | 257

여성의 힘은 국가 경쟁력 | 259

해외의료선교에 앞장서는 슈퍼우먼 라오스부터
파라과이까지 선교와 의료봉사 | 262

그린닥터스 활동과 개성 협력병원 운영 | 280

소외계층을 위한 의료복지의 파수꾼, 한빛대상 수상 | 287

북아해사랑단 | 290

밀알공동체 설립하다 | 295

노인들의 치료센터 '사랑요양병원' | 299

노인복지활동, 전국 효실버하모니카 연주대회 | 301

에스더처럼 그리스도의 향기를 전하는 길 | 303

자랑스러운 이화 의인(醫人) 박에스더상 수상 | 306

지하철공사 시찰과 문제점 | 311

남북통일의 미래를 여는 씨앗, 보건의료협력의 물꼬를 트다 | 313

민주평화통일정책 자문위원회 상임위원 | 318

남북통일을 위한 나의 무한한 도전 | 320

용인 동백동에 있는 아름다운 엘림동산(기도원) | 321

CTS기독교TV와 'Power Christian' | 324

보건의약단체 사회공헌협의회 창립 10주년 기념
포상대상자로 선정 | 326

중국 상해 시 동방미곡(Oriental Beauty Vally) 산업단지 조성 | 327

(사)남북보건의료교육재단 고려대 일반대학원에
통일보건의학과 개설 | 328
(주)한독제약과 MOU 체결 | 329
언제 어디서나 나와 동행하시는 하나님 | 331

에필로그
나의 필요함을 아시고 내 간구를 들어주시는 하나님 | 334

문용자 프로필 | 343

컬러사진 | 353

프롤로그
지난 시절 그 모든 것이 축복

경상도 시골마을에 한 소녀가 있었다. 불과 8세의 그 소녀는 어떤 의미를 알았다기보다는 그저 무작정 어머니를 따라 교회에 다니기 시작했다. 한번은 어머니를 쫓아 부흥회에 갔다. 하지만 소녀는 어머니를 따라 교회에 들어갈 수 없었다. 당시에는 아이들을 못 들어가게 하는 경우가 많았다. 그러나 호기심 많고 당돌했던 이 소녀는 교회에 몰래 숨어들어가 강사 목사님들이 서는 강단 뒤에 숨어서 부흥회를 지켜보았다.

계속된 부흥회 새벽예배 기도시간에 소녀는 자신도 모르게 울음이 터져 나왔다. 그 소리에 그만 이성봉 목사님이 소녀를 발견하고 말았다. 허락 없이 몰래 숨어들어온 자신의 행동이 들통 난 이 소녀는 잔뜩 겁을 먹고 울고 있었다. 그러나 근엄한 얼굴 대신 자상한 모습으로 다가선 목사님은 소녀의 머리에 손을 얹었다. 그리고 이 소녀가 다른 사람을 위하여 봉사하는 삶을 살도록 안수기도를 해주셨다. 그 소녀가 바로 어린 시절의 나 문용자이다.

그때의 감격과 감동을 고이 간직한 나는 국가와 세계를 향한 꿈을 실현시키고 십자가 사랑을 널리 드러낼 수 있도록 쉬지 않고 기도하며 최선을 다해 살아왔다. 가난과 격동의 연속이었던 그 시절을 견뎌온 내가 이 자리에 서기까지 그 모든 것이 축복이었다.

의료인으로 또한 정치인의 한 사람으로서 도움이 필요한 사람에게 도움을 주고 의료인의 권익 신장과 여성 정치인의 지위 향상 등 주어진 책무를 다하기 위해 지금까지 숨 가쁘게 달려왔다. 그동안 어려움도 많았지만 작은 희생을 통해 많은 사람들에게 희망과 기쁨을 전해줄 수 있다는 사실만으로도 감사하고 보람을 느낀다.

이제 인생의 긴 여정을 마무리하며 지난날을 돌아본다. 이제까지 남을 도와준 일은 기억하지 않아도 되지만 혹시라도 나로 인해 상처받은 사람이 있는지 생각해 보곤 한다. 그런 사람들이 있다면 어떻게 그들을 도울 수 있고, 하루하루를 보람 있게 살아갈 수 있을지 기도하고 있다. 그렇게 후회 없이, 보람 있는 여생을 살다가 하나님 품에 편히 안길 수 있기를 오늘도 잠들기 전에 기도드린다.

나는 자라면서 이 일로 인해 여성의 지위에 대해 생각해 보는
계기가 되었다. 내가 어른이 되면 절대 그렇게 살지 않겠다고 다짐했다.
나 스스로 내 지위를 굳건히 해야 한다고 생각했다.
그리고 어머니는 내게 일찍부터 신앙을 심어주셨고 덕분에
나는 인생의 가장 소중한 자산을 얻고 인생을 시작할 수 있었다.

첫 번째 이야기

아름다운 정원에서
놀던 어린 시절

부모님의 특별한 인연

나 문용자는 1937년 음력 8월 22일 경상북도 달성군 현풍면에서 태어났다. 일제 강점기, 할아버지 할머니께서 내 어머니께 아들을 낳으라고 강요해 딸을 둘 낳고 세 번째는 꼭 아들을 낳기 위해 어머니가 불공을 드리고 나서 용꿈을 꾸고 나를 낳았다. 용날 용꿈을 꿔 용의 아들 '용자(son of dragon)'라는 이름을 지어주셨다.

120여 년 전 어느 고을의 원님(현재는 군수)의 주치의, 문약국집 6형제 중 셋째아들(문장오)과 양조장과 정미소로 성공한 거부 황봉권의 8남매 중 셋째딸(황기옥)을 혼인시키기로 양가 부친들끼리 약속을 했다. 양가 부친들은 한 고향의 절친한 친구 사이였는데 한 분이 팔남매를 교육시키기 위해 1920년에 서울로 이사를 가려하자 그대로 헤어지는 게 아쉬웠는지 "우리 이 다음에 사돈을 맺자. 당신한테 제일 똑똑한 아들과 우리집에 제일 똑똑한 딸하고 결혼을 시키자." 하고 두 분이 약속을 했다고 한다. 그 후 그 두 사람의 자녀인 신랑은 20세, 신부는 17세에 결혼을 했다. 이 두 분이 내 부모님이시다. 슬하에 네 자매를 두셨고 그 중에 나는 셋째 딸이다.

현풍에 교회를 세우신
외할아버지

젊은 시절 나의 부모님

마당에 시냇물이 흐르는 아름다운 집

　아버지는 결혼하자마자 장인의 권유로 일본으로 유학을 가서 경제학과 경영기술을 공부하였다. 그리고 현풍으로 돌아올 때 처음으로 국수공장에서 쓰는 기계와 무명 터는 기계를 도입하여 사업을 번창시켰다. 그 당시 경북 달성군에서는 보기 드문 궁궐 같은 500평의 집에는 정원이 두 개나 있었고 연못과 분수가 있었으며 시냇물이 흘렀다. 그 집에서 나는 어린 시절을 보냈다.

　어릴 적 나는 덩치가 크고 얼굴이 환하고 영특했다고 한다. 학교에 들어가 운동회를 할 때 8명이 뛰는데 내가 제일 꼴찌여서 급한 마음에 내 앞에 달리는 아이의 옷깃을 잡아당겨 너댓 명이 넘어졌다. 일본선생님한테 불려간 나는 따귀를 맞아 얼굴이 퉁퉁 부었다.

　수업이 끝나고 집에 가려니 이런 얼굴을 어머니가 보시면 얼마나 가슴 아플까 해서 바로 집으로 안 가고 동네 시냇물에 가서 찬물로 한참 얼굴을 씻고 나서 집으로 향했다. 집에 가보니 벌써 일본 여자선생이 우리집에 와 있었다. 어린 나를 너무 많이 때린 것 같아 미안해 사과하러 왔다고 했다. 그 당시 어린 마음에도 내가 맞은 것에 대한 서러움보다 어머니가 나를 보고 놀라실까봐 어머니 걱정시키지 말자는 마음이 컸다. 그리고 얼마 후 바로 해방이 되었다.

어머니는 딸만 넷을 낳았기에 시어른과 남편이 칠거지악을 들먹이며 "이 많은 재산을 누구한테 물려주겠느냐?"고 야단하셔서 힘들게 사셨다. 어머니는 매일 밤 냉수를 떠놓고 아들을 낳게 해달라고 나를 데리고 나가 기도하셨다. 외할아버지는 아버지에게 소실을 두라고 하셨으니 외할아버지도 어머니도 얼마나 마음이 아프셨을까.

큰아버지는 옛날에 대서소를 하셨는데 그 당시로 보면 공부를 많이 하신 편이다. 요즘 같으면 법무사 같은 것이다. 둘째 큰아버지는 경찰대학을 나와서 경찰서장을 했다. 우리아버지는 셋째인데 공무원도 경찰도 싫다며 일본으로 가셨다. 일본에 가서 경제를 공부하고 돌아와 사업을 했다. 지금으로부터 100년 전 일이다.

아버지와 와세다 대학에서 공부하신 작은아버지

우리 아버지는 인물도 좋고 돈도 잘 버셨다고 한다. 외할아버지는 사윗감이 무척 마음에 들어 빨리 결혼시키자고 선도 안 보고 서둘러 혼사를 추진하신 것이다. 그래서 어머니는 경상도로 시집을 가게 된 것이다. 큰아버지들은 법무사와 경찰총장이 되어 다른 지역으로 나가버렸기에 셋째인 우리 아버지가 부모님을 모시게 되어 어머니가 시집살이를 하게 된 것이다.

내 어머니의 시집살이

나의 친할머니는 시골에서, 서울 부잣집 딸이 며느리로 들어오니 여러 가지를 바라셨을 것이다. 그러나 기대와는 달리 며느리가 살림도 잘 못하는 데다가 혼수도 마음에 들지 않으셨나 보다. 어머니가 밥상을 한상 가득 차려 들고 들어가니까 앉으라는 말씀도 안 하시기에 그대로 서 있었더니 "왜 그렇게 서 있어?" 하며 숟가락 3개 올려놓은 것 중에 어머니 숟가락을 슬쩍 내려놓으시더란다. 할머니와 아버지만 밥을 먹고 우리 어머니는 부엌에 가서 먹으라고 하셨다. 그러나 부엌에 가도 밥은 없었다. 기다리니까 아버지가 밥을 조금 남기고 시어머니가 남긴 것을 모아 부엌에서 밥을 먹었다고 한다. 어머니로서는 남편이 부잣집 셋째아들이라고 해서 별 걱정 없이 시집을 왔는데 예상과는 달리 시집살이도 고달프고 잠시도 편할 날이 없었다고 한다.

의사이신 친할아버지는 왕진을 갔다하면 술을 많이 드시고 겨울에 진흙길에 빠져 온통 흙투성이가 되어 돌아오시곤 했다. 명주 바지저고리, 두루마기가 진흙에 빠져 엉망이 되면 할머니는 우리 어머니를 불러 "아가야, 이 옷들 손질해라" 했다고 한다. 옛날에는 바느질하는 사람, 식모도 있었는데 시집오기 전엔 전혀 일도 안 해본 어머니에게만 일을 시키니 몹시 힘겨우셨을 것이다. 아버지는 사업한다고 밤낮 나가서 지내니 얼굴 보기도 힘들고 하소연할 곳도 없었다. 어머니는 시아버지 옷을 밤새 빨아서 말리고 다려 드렸더니, 풀도 안 먹이고 다렸다고 혼나기도 했단다. 다시 그 옷에 풀 먹여 두드려서 다림질을 하여 손질해 드리면 다음날 밤에 할아버지는 또 흙투성이가 되어 돌아오시곤 했단다.

그럼에도 불구하고 어머니가 불평 없이 꾹꾹 참고 지내다 보니 결국 병이 나고 말았다. 결혼하여 6년 동안 임신도 할 수 없었다고 한다. 너무 고생을 많이 해서 몸도 마음도 지쳐 시름시름 앓으시다가 서울에 있는 병원에 가서 검사해 보니 예상대로 영양실조라는 진단이 나왔다. 몸도 마음도 허약해진 어머니는 다신 시댁에 안 가겠다고 떼를 썼다고 한다. 외할아버지께서 사돈에게 줄 선물

뒤에 앉은 사촌언니(황순심)가 6·25 때 납치되었다(나는 왼쪽 끝)

을 잔뜩 사가지고 차에 실어주며 울며 안 가겠다는 어머니를 달래서 다시 시댁으로 내려 보냈다.

그 후 어머니가 서울에 있는 이모한테 가 있었는데 그때 나는 너 댓 살 정도였다. 그 당시 내가 아주 심하게 울었던 어느 날이 기억난다. 나를 어머니에게 데려다 준다고 해서 아버지를 따라 나섰는데 한참 가다 보니 내가 생전 처음 탄 기차가 마치 바닷속으로 빠져들어가는 것만 같았다. 창밖에는 엄청난 강물이 넘실거리고 있었고 나는 너무 무서워서 목을 놓아 울었다. 그러나 그것은 물에 빠져 들어가는 게 아니라 기차가 한강 다리를 건너는 중이었던 것이다.

우리집 뒤뜰에서
사촌 언니 황순심과(나는 오른쪽)

나는 서울에서 어머니와 한동안 같이 살았다. 어머니가 얼마나 힘드셨을까. 지금 생각해 보니 시집살이에 지친 나머지 어머니에게 우울증이 생겼었던 것 같다. 그 후 어머니는 서울에서 지친 몸을 추스르느라 일 년 정도 계시다가 다시 내려왔다.

어머니는 딸만 넷을 낳았는데 우리 네 명의 자매들은 터울이 6년씩 난다. 그만큼 어머니가 시집살이하며 시부모님께 순종하며 효도하고 희생하느라 부부가 함께하는 시간이 별로 없었던 듯하다.

네 자매와 별당 여자들

외할아버지는 우리 어머니가 아들을 못 낳아서 대를 잇지 못하니 걱정을 많이 하셨다. 칠거지악이라는 게 있으니 딸 가진 죄인의 심정으로 아버지한테 아주 큰 집을 사도록 도와주셨다. 학교 운동장같이 넓은 우리집 마당엔 탁구대와 여러 운동기구가 있었다. 내 나이 열네 살까지 그 집에서 살며 낭만적인 추억을 간직할 수 있었다.

외할아버지는 내 딸이 저렇게 딸만 낳았으니 사위에게 돈을 주면서까지 아들을 낳아줄 여자를 집에 들이라고 했다. 어머니도 친정아버지가 그렇게 말씀하시니 할 말이 없었을 것이다. 그래서 마치 궁녀들처럼 여자들을 데려다가 별당을 지어 살게 했다. 그 시절 어머니의 심정이 어땠는지 나는 그때 철이 없어서 짐작하기 어려웠지만 어떻게 그 시절을 견디셨는지 생각할수록 안타깝고 애달프다. 그 여자들은 몇 년씩이나 우리집에서 지냈지만 아이를 못 낳으니 재산을 챙겨 하나, 둘 슬그머니 나가 버렸고 아버지는 아들을 이래도 못 낳고 저래도 못 낳는구나 하시면서 한탄하셨다.

나는 자라면서 이 일로 인해 여성의 지위에 대해 생각해 보는 계기가 되었다. 내가 어른이 되면 절대 그렇게 살지 않겠다고 다짐했다. 나 스스로 내 지위를 굳건히 해야 한다고 생각했다.

어머니의 위로가 되고 싶었다

나는 열심히 공부를 했다. 그때 해방되자마자 호주에서 온 노랑머리 선교사들이 집집마다 돌아다니며 담 너머 마을사람들에게 "예수 믿으라! 교회에 가자!"고 전도하니 우리집에선 제일 먼저 어머니가 받아들이셨다. 아버지는 못난 것들이나 거지들이 가서 노래하고 밥 얻어먹는 데가 교회인데 거길 왜 가느냐고 절대로 못 가게 반대하셨다. 나는 어머니가 너무 불쌍했다. 아들 못 낳는다고 죽고 싶을 만큼 구박 당하고 이제는 교회에 가서 기도하며 믿고 의지하고 살아보려는 데 그것마저 아버지가 반대하니 얼마나 어머니의 인생이 가엾고 애처로운지 마음이 아팠다.

그러나 어머니는 내게 일찍부터 신앙을 심어주셨고 덕분에 나는 인생의 가장 소중한 자산을 얻고 인생을 시작할 수 있었다.

그래서 어머니를 따라가겠다고 손잡고 교회에 간 게 내 나이 여덟 살 때였다. 신발을 벗고 들어선 예배당에는 이성봉 목사님의 설교를 경청하는 많은 사람들의 모습이 보였다. 어린 나는 그런 분위기와 찬송가 소리가 무조건 좋았다.

아버지는 아들이 없는 것에 대한 불만이 많으셨다. 큰집 오빠들 중 한 명을 양자로 들이자고 했으나 어머니는 거절하셨다.

그때 나는 이렇게 말했다. "아버지, 내가 아들노릇 할게요. 열심히 공부해서 다른 집 아들보다 더 멋있는 아버지의 딸이 될게요!"

소명의식을 새기다

8세 때 초등학교에 입학을 했고 그해에 해방이 되었다. 학창시절 독서를 즐겼고 글짓기에 소질이 있었으며 피아노, 노래, 그림 등 예술적 방면에도 소질이 뛰어나다는 칭찬을 듣곤 했다. 학업성적도 뛰어날 뿐만 아니라 베풀기를 좋아해서 따르는 친구들도 많았다. 친구들을 강당에 모아놓고 노래도 무용도 내가 직접 창작하여 마치 요즘의 뮤지컬 같은 연극 발표회도 했다. 해방의 기쁨을 표현하는 내용이었다. 참으로 아름답고 행복한 날들을 열정적으로 보낸 시절이었다.

내 나이 열두 살 때 틈나는 대로 그 넓은 우리집 응접실에다 배움을 갈구하는 시골 마을 어른들을 모아 한글과 노래를 가르쳐드렸다. 작은 칠판 앞에서 그야말로 '소녀 선생님'이었다.

그리고 줄곧 담장 너머로 넘겨다보던 노랑머리 호주 선교사의 권유로 본격적으로 신앙생활을 시작하게 되었다. 어머니와 난 새벽마다 교회 종소리에 깨어 고신파 선교사의 위로를 받으며 기도생활을 하고 교회에 나가게 된 것이다. 그때가 바로 초등학교 2학년이었는데 아버지는 학교나 교회 중 하나만 택하라고 꾸중하셨다. 나는 막연히 학교보다는 내가 선택한 교회가 좋았던 기억이 난다.

나는 철들기 시작한 그때부터 누군가를 위해 일을 하거나 도와주고 칭찬받기를 즐겼다. 그런 성향은 평생 나 자신을 지켜준 천성이라고 할 수 있다. 아득한 지난날을 회상해 보면 정말 죽을 만큼 힘들고 때론 다 표현하기 힘들 만큼 기쁠 때도 있었지만 슬프고 어려운 일들이 더 많았다. 그러나 이제는 이 모든 일들이 아련한 안개처럼 사라지고 그리움과 보람 있었던 일들만이 기억에 남는다. 남들이 나를 어떻게 평가하든 그건 별 문제가 되지 않는다. 나 자신이 얼마나 후회 없는 만족스러운 삶을 살았는가 즉 하나님께서 나에게 주신 소명을 따라 즐겁게 살았는지 그것이 나에겐 가장 중요하다고 생각한다.

우리집 강당에서 내가 동네주민들에게 글을 가르쳤다

나는 학교 공부나 교회 생활 모두 1등을 했으나 신명여중 1학년 1학기에 6·25 동란으로 학업을 중단하고 피란을 가야만 했다. 인민군 총본부 지역 안에 있었던 우리집을 미군이 집중 폭격하여, 피란을 갔다가 6개월 만에 돌아왔을 땐 잿더미로 변해 있었다. 부모님과 형제들은 모두 실의에 빠져버렸다. 아버지께는 효도하겠다고 다짐하고 위로해 드렸다.

나는 '내게 능력 주시는 자 안에서 모든 것을 할 수 있느니라.'라는 빌립보서 4장 13절의 말씀에 의지하여 다시 힘을 내었다. 그런 말씀으로 무장하고 지내며 오늘날까지 지치지 않고 살아왔다. 과거의 힘겨움도 즐거움도 모두 이 말씀을 몸으로 익히라는 분부셨다. 이후 내가 할 일들이 내 삶의 소명이라는 것을 알게 하려는 주님의 뜻이었던 듯하다.

유년시절, 의사의 꿈을 갖다

열네 살 때 전쟁으로 말미암아 참담했던 경제상황 속에서도 희망을 키우며 성장했다. 어려운 가정환경 속에서도 웃음을 잃지 않았으며 집안일도 솔선수범하였다. 특히 어머니의 마음을 편안하고 즐겁게 해드리는 것이 바로 나의 최고의 행복이었다. 처음 교회에 가게 된 것도 어머니를 기쁘게 해드리고 싶은 이유에서 시작되었다.

그러던 어느 날 나의 인생을 결정지을 중요한 순간을 맞게 되었다. 수영을 즐겨하던 내가 귀에 물이 들어가 염증이 생겼다. 달성에는 큰 병원이 없어 대구의 전문병원을 찾아갔다. 그 곳에서 진료를 받으며 하얀 가운을 입고 환자들을 치료하는 여의사를 보게 되었다. 그 순간 멋진 가운을 입고 진찰하는 여의사의 모습에 매료되어 '아! 바로 저거다. 내가 저걸 해야겠다!' 하는 꿈을 갖게 되었다. 병으로 고통 받는 사람들을 위해 봉사해야겠다는 그 의지로 의사의 꿈을 품게 되었다.

이미 나는 하나님으로부터 선택받은 섭리에 순응할 수밖에 없었다. 남존여비사상이 팽배했던 그 시절, 대학진학을 앞두고 의과대학을 희망하는 나에게 여자의 몸으로 의사가 되는 것은 무리라며 주위에서 만류했다. 그러나 나의 결심은 단호했다. 전교 1, 2등을 다투며 경북여고의 자랑이었던 나는 이화여대 의과대학에 당당히 합격했다.

그리고 한미장학재단 장학금으로 의과대학 6년을 마쳤다. 이후 '내게 능력주시는 자 안에서 모든 것을 할 수 있다.'는 성경말씀을 가슴에 새기고 전 세계를 무대로 도전하며 봉사의 삶이라는 소명의 열정을 품고 살았다. 지금 생각해 보면 나는 유년시절부터 리더의 자질이 있었던 듯하다.

"그러나 너희는 택하신 족속이요, 왕 같은 제사장들이요, 거룩한 나라요, 그의 소유가 된 백성이니 이는 너희를 어두운데서 불러내어 그의 기이한 빛에 들어가게 하신 이의 아름다운 덕을 선포하게 하려 하심이라(베드로전서 2장 9절)."

허허벌판 잿더미에서 느꼈던 허탈감과 서러움

6·25전쟁이 났다. 우리집이 워낙 크니까 인민군 본부로 빼앗기고 말았다. 낙동강 유역인 우리 동네에 미군이 폭격을 시작하자 다른 집은 괜찮은데 우리집은 완전히 가루만 남고 총탄이나 대포알 같은 것들이 널브러져 있었다. 부서진 탱크 등 인민군들이 쓰던 물건들의 잔해만 즐비했다. 피란 갔다가 6~7개월 만에 돌아왔는데 집터도 정확히 어디가 어딘지 모를 지경이었다. 그 많던 공장 물건들도 완전히 산산조각이 나고 아무것도 없는 황량한 벌판이 되어버렸다. 남은 것이라고는 이리저리 먹이를 찾아다니는 강아지들뿐이었다. 어머니, 아버지는 한동안 울고만 계셨다. 그러나 나는 슬퍼할 시간이 없었다. 부모님의 아픔을 덜어드리고 싶어 힘을 내야만 했다.

내가 중학교 1학년이었고 언니는 대학교 1학년이었는데 부모님은 "너희들 이제 공부는 다 했다. 큰일 났다."고 하시며 낙심하셨다. 그때 큰아버지가 내게 돈을 주시면서 이렇게 말씀하셨다. "용자야, 네 아버지의 사업이 잿더미가 되었으니 이걸 어쩌냐. 너는 공부도 잘했는데 이대로 포기하기엔 너무 아깝다. 그러니까 사범학교 가서 선생이 되거라!"
나는 이왕 공부를 하려면 의사가 되고 싶다고 했다. 큰아버지는 반대하셨다. "무슨 여자가 건방지게 의사야? 차라리 간호원을 해!

정 의사가 하고 싶으면 치과를 가든지. 안 그러면 시집가기 좋게 약대를 가."

"아니에요 아버지한테 맹세했어요. 의사가 돼서 아버지, 어머니한테 효도하겠다고."

그것이 결국은 의과대학에 가게 된 동기가 되었다. 또 한 가지 이유는 언니는 이화여대에서 법정대학과 대학원을 졸업했다. 근데 졸업하고 전공과 맞지 않는 한국은행에 다니는 것을 보니 이후에 계속 할 수 있는 게 없었다. 전문직을 가져야 끝까지 사회생활을 계속하고 어디 가서 일을 하거나 남을 도울 수 있지 않나 하는 생각이 들었다. 그러려면 내 손에 면허증을 쥐어야 된다. 전문직을 가져야만 한다는 생각을 열세 살 때 했으니 어린 나이에도 하나님의 지혜가 스며들어 비전을 갖게 하신 것 같다.

요즘 초등학교에 가서 아이들에게 신체검사를 하면서 "너 이 다음에 뭐할래?" 하고 물으면 "몰라요! 요리사! 연예인! 축구선수!"라고 다들 비슷비슷하게 대답한다. 요즘 아이들은 내 어린 시절과는 너무나 다른 환경에서 자라 내가 어린 시절에 가졌던 절박함이 없는 것 같다. 공주처럼 편하게 살다가 먹을 것도 없는 그 허허벌판에서 느꼈던 허탈감과 서러움……. 그래도 용기를 내어 희망을 갖고 부모님한테 효도하고 남부럽지 않게 해드리겠다는 의지가 모두 힘들다고 반대하는 의과대학에 가게 된 원동력이 된 것 같다.

기독교 학교인 신명중학교에 진학

나는 어릴 때부터 글쓰기를 참 좋아했었다. 우리집에 큰 강당이 있었는데 거기에다 그림을 그려 붙이고 작곡, 작사를 해서 아이들을 데려와 연극을 했었다. 중, 고등학교 때는 학교에서 연극부 활동도 했었다. 그 나이에 무서운 시어머니 역할,《레 미제라블》의 자베르 경감 역을 하는 등 주로 개성이 강한 역을 맡았다.

그 당시에 피아노도 배웠었는데 나중에 형편이 어려워져 중단했다. 5학년 때 중학교를 가기 위해 시험공부를 하는데 밥도 안 먹고 공부만 해서 위장병이 생길 정도였다. 나는 공부하라는 말보다 "먹고 해라! 잠 좀 자거라!" 하는 어머니의 간절한 목소리를 자주 들었다. 물론 학교 성적은 계속 1등이었다.

그때는 밥을 먹기도 어려운, 도시락 쌀 형편이 안 되는 아이들이 많았다. 나는 도시락을 쌀 형편이 되었지만 다들 어렵게 사는데 나만 도시락을 싸가서 굶는 애들 앞에서 먹기가 싫었다. 세 시간 수업하고 집에 와서 점심을 먹고 다시 학교에 갔다. 잠시 집에 가서 점심을 기다리는 동안 "청소 좀 해라!" 하는 어머니의 엄한 목소리를 들으면, 사실 빨리 학교에 가야 되는데 그 말을 못 하고 그 넓은 집을 일하는 애하고 같이 쓸고 닦았다. 그래도 조금도 불평하지 않았다. 다른 애들은 각자 집에 가서 밥을 먹고 학교에 가다가 내가 청소하느라 땀을 뻘뻘 흘리는 걸 보고 들어와 도와주었다. 요즘 애들 같으면 "빨리 밥 줘요. 빨리 먹고 학교 가야 돼!" 했

신명여중 2학년 때
(산상보훈 외우고 상 받은 날
오른쪽이 나)

을 텐데 그러지 않고 시키는 일 억척스럽게 다 하고 밤늦게까지 공부했다. 그렇게 공부하다가 병이 나서 원하던 월반을 못 했다.

내가 하도 새벽기도를 열심히 다니니까 아버지께서는 엄마와 내가 교회에 미쳤다고 야단하셨다. 하루는 교회에 갔다 오니 내 책상이고 책이고 전부 마당에 던져버리셨다. 아버지는 몹시 화를 내셨다.

"아버지, 교회에서 공부도 가르쳐주니까 저 교회 다닐게요."

"허허 참 미쳤구나! 딸만 넷인데 그나마 너 하나 아들노릇 한다더니 예수에 미쳐가지고 공부도 안 하고 교회만 다니겠다는 거냐!"

다행이었다고 할까. 아버지는 사업 때문에 바빠서 늘 나가 계셨기 때문에 나는 교회에 갈 수 있었다. 뭐든지 했다 하면 몰두해서 즐겁게 하는 나는 교회에 다니는 게 그렇게 좋을 수가 없었다. 그런 내 성향 때문에 성장하면서 뭐든 열심히 할 수 있었고 집중할 수 있었다.

중학교를 진학할 시기가 되었다. 나는 늘 전교에서 1등을 했으니까 선생님은 당연히 그 시절 명문학교인 대구에 있는 경북여중에 진학하라고 했지만 나는 기독교학교에 진학하겠다고 졸랐다. 그래서 신명중학교에 입학했다. 아침에 등교하자마자 일찌감치 찬양을 하고 성경을 가르쳐주니 얼마나 좋았는지 모른다. 영어도

신명여중 2학년 때 불우이웃돕기 모금을 했다(앞줄 오른쪽이 나)

신명여중 3학년 때 연극 〈레 미제라블〉을 마치고
(나는 앞줄 오른쪽에서 두 번째 자베르 경감 역)

배울 수 있고 뭐든지 내게 주어진 기회에 내 스스로 만족했다. 학교에 다닐 수 있는 것도 너무 감사하고 성경공부를 할 수 있는 것도 너무나 좋았다. 마태, 마가, 누가, 요한복음, 산상보훈을 전부 외워 학교에서 상을 탔다.

국수뭉치 50개, 위급한 순간에
하나님의 지혜가

　중학교 1학년 때 6·25 전쟁이 터졌다. 졸지에 피난을 가라는 사이렌 소리와 함께 마을 전체가 공중폭격을 당하자 마을 사람들은 모두 산으로 있는 힘을 다해 달려가고 있었다.
　인민군들이 낙동강유역에 있는 우리 마을로 쳐내려와 미군이 비행기로 폭격하고 산지사방 총알이 날아가는데 아버지는 돈이 든 큰 가마니를 어깨에 메고 어머니는 꿀단지 하나 들고 언니는 자기 혼수 준비해 놓은 것만 들고 정신없이 뛰었다. 그때 동생은 8살이었으니까 어머니 손에 이끌려 산을 향해 뒤도 돌아보지 않고 냅다 뛰어갔다. 동네 사람들은 모두 산으로 올라가고 있었다. 나는 그 찰나에 하나님을 생각했다. '아이고, 하나님! 이제 우리는 어디로 가야 합니까!'

　산으로 올라가면 언제 내려올지도 모르고 거기서 견디려면 뭐라도 먹으며 연명해야 되는데 돈이 있더라도 산속에서 무엇을 사 먹을 수 있겠나…… 마침 생각난 것은 우리집 국수창고였다. 큰 창고 안에는 국수공장에서 팔다 남은 국수가 있었다. 아버지가 국수공장을 하셨기 때문이다. 커다란 대나무 소쿠리에다가 정신없이 국수를 담았다. 중학교 1학년인 내가 그 국수를 한껏 담아 머리에 이었다. 남들은 막 뛰어서 도망가는데 나는 국수를 머리에 이었으니 '낑낑'대며 겨우겨우 걸어갈 수밖에 없었다. 아버지, 어머니도 어디로 가셨는지 모르겠고 왜 나만 이런 걸 들고 가야 하는지, 다른 건 아무것도 생각나지 않았다. 그냥 그 국수를 들고 가야만 우리 가족이 산다는 생각뿐이었다.

부모님은 정신 없이 산으로 올라가던 중에 돌아보니 내가 없어서 우리 딸 용자가 없어졌다고 내 이름을 부르고 난리가 났었다고 한다. 그런데 누군가 부모님께 "조그만 여자애가 뭔가 잔뜩 이고 저 아래 오고 있다."고 하더란다.

나는 가족들을 놓치고 어쩔 수 없이 사람들 뒤를 따라가다가 가까스로 아버지를 만났다. 그러나 아버지는 나를 보자마자 화부터 내셨다. "식구들을 따라오지 않고 위험하게 이건 또 뭐냐! 왜 혼자 돌아다녀!" 부모님을 만나자마자 나는 엄청 꾸지람을 들어야 했다.

내가 겁도 없이 그런 행동을 한 것은 산에 빈손으로 도망을 가면 온 식구의 식량은 어떻게 하느냐 하는 생각뿐이었다. 내가 가져간 그 국수로 여섯 식구가 한 달은 산속에서 연명하고 살았다. 천만 다행이었다. 그때도 하나님께서 나에게 침착하게 지혜를 주셔서 국수를 가져갈 마음이 생겨났던 것이라고 생각한다.

다시 생각해 보면 그 나이에 왜 그리 겁이 없었는지 모른다. 나는 국수를 버리라고 호통을 치시는 아버지께 여기까지 이고 온 걸 왜 버리느냐고 하며 힘든 줄도 모르고 끝까지 국수를 이고 따라갔다.

많은 사람들이 산에서 지냈는데 먹을 거라곤 없었다. 오직 내가 가져간 국수뿐이었고 우리 식구는 그걸로 살아갈 수 있었다. 여기 저기서 "돈 줄 테니 국수 좀 주세요." 하고 사정을 했다. 그렇게 한 달을 지내다가 산을 넘어 가보니 경산이었다. 육군대위인 사촌오빠한테 연락이 되어 트럭을 갖고 와서 집으로 내려올 수 있었다. 하나님이 위급한 순간에 내게 지혜를 주셨으리라. 어린 내가 뭘 안다고 그런 생각을 해서 여러 사람들을 굶어죽지 않게 지킬 수 있었겠는가.

"보라, 하나님은 나의 구원이시라. 내가 신뢰하고 두려움이 없으리니 주 여호와는 나의 힘이시며 나의 노래시며 나의 구원이심이라(이사야서 12장 2~3절)."는 말씀 그대로였다.

예수님을 직접 보신 어머니

　1952년 7월 중순경 대구로 몰려온 피란민에게 내가 다니던 학교를 양보하고 나는 대구 제일교회에서 공부하다가 2학년 여름방학을 맞아 부산으로 임시로 옮겨왔던 이화여대 법대에 다니는 언니의 대학 등록금을 갖다 주러 가게 되었다. 기차에서 한 여학생을 만났는데, 밤에 도착해 친척집 찾기가 힘드니 하룻밤만 재워달라고 부탁하기에 별 의심 없이 데려갔다. 자고 다음날 일어나보니 그 여학생은 함께 자취하는 사촌언니와 내 언니의 옷, 구두, 시계 등을 몽땅 갖고 사라졌다.

　내가 무심코 부산에서 대학 다니는 언니와 사촌언니의 대학 등록금을 갖고 부산에 간다고 말했던 걸 듣고 접근했던 것 같은데 밤새 그 돈을 다 들고 갔으면 이제 언니들은 어떻게 학교를 다니며 내가 어떻게 보상할 수 있을지 눈앞이 캄캄했다. 그때 두 언니의 말이 "자다가 예감이 이상해서 등록금을 부엌 쌀자루 밑에 감추었다."고 한다. "용자야 너무 울지 마라." 하고 두 언니가 나를 위로할 때 나와 동행하시는 하나님께서 언니들을 깨워 돈을 감추도록 지혜를 주셨음에 감사기도를 드렸다.

　6·25 때는 옷도 신발도 시계도 구할 수 없어서 미국 구제품을 국제시장에 가서 사야만 했다. 다음날 시장구경이고 뭐고 다 집어치우고 고향 현풍으로 오려다가 파출소에 가서 신고하느라 그 다음날 언니와 함께 고향에 도착했다.

그 당시 시골 머슴 동환이가 "학생, 왜 어제 온다더니 오늘 왔어요? 어젯밤 어머님과 제가 안마당에 있다가 하늘에서 두 할아버지를 봤어요."라고 말했다. 난 너무 놀라 어머님께 여쭈었더니 저녁 8시쯤 여느 때처럼 정원 연못 옆 마당에 멍석을 깔고 눕자 하늘에서 유난히 빛나는 별 3개가 환하게 빛을 발하면서 어머님 멍석과 똑같은 멍석이 펴지더니 갑자기 예수님께서 가운데 앉으시고 오른쪽 한 분, 왼쪽에 한 분 할아버지가 도포차림에 흰 수염을 날리며 서 있었다고 한다.

어머님이 놀라고 신기해서 내 동생을 불렀다. 여러 번 소리 질러 아버지를 찾으라고 해도 대답이 없고 머슴 동환이만 "아버지 안 계세요."라고 대답했다. 그러면 너라도 빨리 와서 보라고 해서 그가 와서 보았더니 "앗! 하늘에 할아버지가!" 하고 소리쳤다. "네 눈에 몇 사람이 보이니?" "할아버지 두 분입니다." 불신자인 동환이가 눕자 중앙의 예수님은 사라지고 모세, 엘리야 같은 두 사람만 남았다고 했다. 나는 "어머니, 그것을 속히 기록해 주세요. 내가 나중에 선교할 때 간증할게요."라며 간밤에 함께 보지 못한 것을 안타까워했다.

함께 그 얘기를 들은 언니는 그 당시 아버지의 극심한 핍박과 별당 여인들로 인한 원통함과 억울함이 하늘의 구름덩이를 보고 만든 환상이겠지 하고 들으려 하지도 믿지도 않았다. 어머님이 언니의 믿음 없음을 꾸중하시던 것을 들었다. 어머님은 97세에 주무시다가 조용히 돌아가셨지만 동환이라는 그 머슴은 분명히 보았다니까 이제 이 글을 보면 연락하여 나와 만날 수 있기를 기도드리고 있다.

현풍에 있는 고향집, 여기서 어머니가 예수님을 직접 보셨다고 한다
(오랜만에 고향집을 방문한 나)

암울했던 고등학교 3년

　중학교 3년 동안을 재미있게 학교생활을 하고 고등학교를 가야 할 시점이 되었다. 당연히 나는 그대로 올라갈 줄 알았는데 선생님이 우리에게 줄을 서라고 하셨다. 고등학교 진학 예정자가 모두 50명이었는데 앞에서 25번까지는 이 학교에 남고, 26번부터 50번까지는 남산학교로 가라고 했다.
　학교장과 재단이사장 사이에 갈등이 생겨, 교장이 나가서 새로 세운 학교인 남산여고로 아이들을 나눠 보내려던 것이다.
　"저는 예수 믿는 학교라고 해서 이 학교에 온 거예요. 다른 학교엔 전 못 가요."
　그렇게 버티다가 결국 경북여고에 진학했다. 오늘날 그 유명한 경북여고에 가서 3년 동안 열심히 공부했고 계속 1, 2등을 했다. 참 열심히 공부했지만 나한텐 암흑시기였다. 학교에서 예배도 안 보고 찬송가도, 성경공부도 없고 그저 열심히 대학 입시공부만 해야 했다. 그때 나는 비전이 전혀 없었다. 학교성적이 좋아 칭찬은 받았지만 암담한 시절이었다. 그러나 연극반에도 들어가고 문예창작 활동도 하며 교회도 열심히 다녔다.

　공부에만 몰두하던 어느 날, 열심히 공부하다가 보니까 일곱 시에 학원을 가야 되는데 일곱 시 삼십오 분이었다. 그래서 정신없이 대문을 나가 골목길을 나서니 순경이 가로막고 나를 불러 세웠다.

경북여고 2학년 때 연극부 활동
(나는 오른쪽에서 두번째,
시어머니 역할)

경북여고 연극부 단체사진(한가운데가 나)

일생을 나를 위해 기도하신 어머니와 경북여고 졸업 기념

"저 늦었어요. 학원에 가야 돼요."
"너 지금 몇 신 줄 아니?"
"일곱 시에 학원 가야되는데 지금 일곱 시 넘었네요."
"뭐? 지금 세시 삼십오 분이야!"
공부에 열중하다가 깜빡 잠이 들어 3시 35분을 7시 15분으로 잘못 알고 나간 것이다. 결국 통금이 끝날 때까지 파출소에 있다가 집으로 돌아왔다.
유난히 공기가 차고 맑은 가을날의 새벽이었다. 검푸른 하늘에 별들이 빛을 잃어가고 있었다. 반겨주는 이 없는 싸늘한 자취방에서 지내던 3년간의 고등학교 시절이었으나 낭만과 꿈은 잃지 않았다.

김활란 총장님과의 극적인 만남

경북여고를 졸업할 무렵 대학 진학을 결정할 때 의과대학에 간다고 했더니 정진기 교장선생님이 스피커에 대고 교내 방송으로 나를 수시로 불렀다.

"넌 왜 의과대학에 가려고 하니? 무슨 여자가 의과대학이야? 기간도 길고 돈도 많이 들어가. 불가능해."

교장선생님도 우리 큰아버지처럼 나를 말렸다.

"의과대학은 무슨…… 넌 인물도 좋은데 의과대학 가면 시집도 못 가. 6년 동안 공부하고 또 4년 동안 수련기간 마치면 나이가 서른이 되는데! 언제 시집을 가!"

"선생님, 저 시집이 목적이 아니고요. 훌륭한 의사가 되어 봉사하고 어려운 사람들 돕고 싶어요. 그리고 세계적인 선교사가 되는 것이 제 희망입니다."

"정 그러면 간호과 가라. 간호과는 4년이야. 약학과를 가든가. 아니면 치과를 가"

나는 어떻게든 의대에 원서를 쓰기 위해 도망 다니고 기도하며 버텼다. 원서를 대구에 있는 경북의대로 쓰라기에 나는 이렇게 말했다.

"거기 예수 믿는 학교예요? 아니면 안 가요."

"야! 넌 예수에 미쳤냐? 아니 의사한다면서 왜 예수 믿는 학교만 찾아?"

"예수 믿는 학교 아니면 저는 안 가요. 서울로 가렵니다."

"서울은 가서 뭘 먹고 어떻게 살 건데? 네 언니도 서울 가서 겨우 공부하고 있고 네 아버지는 6·25때 돈을 다 날려 버렸는데 널 어떻게 의대공부 시키겠냐?"

"뭐 고학을 하든지 신문을 팔든지 애들 가르치든지 어떻게든 되겠지요. 서울로 가겠습니다."라고 했더니 처음에는 원서를 안 써주었다. 서울대학은 좀 어렵고 연세대학이나 고려대학에 가겠느냐고 물었다. 그럼 연세대학에 가겠다고 했는데 어머니는 이렇게 말씀하셨다.

"야, 연세대학은 남녀공학이다. 예수 믿고 여자들만 다니는 학교가 얼마나 좋으냐. 이화여대 가라."

"언니 다니는 거 얘기 들어보니까 이화여대는 모양내고 시집가기 위한 학교 같던데요?"

이화여대 다니는 예쁜 우리 언니가 남학생과 데이트를 했다는 말을 듣고 보니 그건 내가 생각하는 학교가 아니라는 생각이 들었다. 나는 의사가 되고 훌륭한 사람이 되어 아버지, 어머니한테 아들 노릇도 해야 되고 전도도 해야 되고 어머니 말씀대로 김활란 박사처럼 세계적인 여성 지도자가 되고 싶었다. 갈등하다가 교회에 가서 기도하고 다시 생각해 보니 성경말씀에 "자녀들아 주 안에서 너희 부모에게 순종하라 이것이 옳으니라. 네 아버지와 어머니를 공경하라. 이것은 약속이 있는 첫 계명이니 이로써 네가 잘 되고 땅에서 장수하리라(에베소서 6장 1-3)." 하는 말씀이 떠올랐다. 나는 결심했고 "어머니, 이대 가겠습니다." 하고 말씀드렸다. 어머니는 "아이고, 하나님 감사합니다!" 하시면서 기뻐하셨다.

총장이름으로 장학금을 받으며
모교에 강당을 건립

마침 그때 이화여대와 연세대학 의과대학에 전국 유명고등학교에서 전교 일등을 한 학생에게는 무시험으로 입학시키는 제도가 있었다.(요즘 특차모집) 나는 열심히 시험 공부한 게 아까웠다.

나는 어머니 몰래 연세대학에 원서를 접수시켰다. 어머니가 서울까지 따라와 "꼭 이화여대 가야 된다."고 해서 양쪽에 원서를 내

이대 캠퍼스에서(의예과 무시험 특차 입학)

놓고 기다리고 있었는데 연세대학에서 합격됐다고 연락이 왔다.

'난 이제 남녀공학 학생이야.' 하며 속으로 얼마나 기뻤는지 모른다. 왜냐하면 우리집에 아들이 없으니까 남자와 경쟁해야 한다고 생각했는데 내 길이 훤히 보이는 것 같았기 때문이다.

"아이고, 하나님! 감사합니다." 하던 차에 이화여대에서도 합격이 됐다고 연락이 왔다. 어머니가 얼마나 기뻐하시는지 그런 어머니의 모습을 보니 '내가 어떻게 어머니를 배신하랴?' 하는 생각이 들었다. 그러면서도 갈등하게 된 것은 두 대학의 면접이 똑같은 날이었던 것이다. 그러니까 하나님은 이렇게 순간순간 중요한 시점에 내 갈 길을 열어주시고 계셨다. 연세대학은 포기하고 어머니 손을 잡고 이화여대로 면접을 보러 갔다.

이화여대에 가서 꿈만 같게도 면접시험 때 김활란 총장님을 만날 수 있었다.

"그 낙동강 허허벌판 시골에서 어떻게 여기까지 왔어요?"

그 말을 듣는 순간 나는 왈칵 눈물이 났다. 그 자리에 오기까지의 내 어려움을 총장님께서 알아주는 듯해 감격스러웠다.

"저는 봉사하고 전도하고 싶어서 이 학교에 왔습니다. 이 학교에 오면 예수 믿고 예배 보는 학교라고 해서 왔습니다. 그리고 저희 집에 아들이 없어서 훌륭한 의사가 되어 아버지한테 아들노릇 하려고 왔습니다."

그러자 김활란 총장님이 내 손을 꼭 잡아주셨다. 기특하다고 하시며 열심히 공부하라고 장학금을 주시겠다고 했다. 한동안 가슴이 벅차고 두근거려 밥을 먹지 않아도 배가 부른 것 같았다. 너무

전교학생에게 세례해 주러 오신 덴만 박사와 김활란 총장, 장학생들과
(뒤에서 두 번째 줄 한가운데가 나 앞줄 흰옷 입으신 분이 덴만박사 그 옆이 김활란 총장님)

기뻐 잠도 오지 않았다. 나는 그때부터 총장이름으로 한미재단 장학금도 받았고 우등상도 받으며 공부했다.

정말 열심히 공부했다. 성적은 계속 일등을 유지했고 그렇게 졸업을 했다. 김활란 총장님이 우리 학교에 강당이 없음을 한탄하며 강당을 만들려면 삼천만 원이 필요하다고 했다. 내가 여름방학에 미국에 가서 "한 달 후에는 강당을 세울 자리에 땅을 파게해 주세요." 하고 기도하며 기금을 모으러 돌아다녔다.

그 당시 우리대학 등록금이 7~8만 원이었는데 삼천만 원이면 지금의 삼백 억 정도의 가치가 있었다. 그렇게 모금을 해갖고 귀국하여 한 달 만에 지금의 이화여대 대강당이 서게 되었다. 나는

이대 강당. 미국 동문들에게
3천만원 모금하여 건립

이대 재학 시절 친구들과(왼쪽에서 두번째가 나)

다시 한 번 감사의 기도를 올렸다. '아! 기도라는 게 이렇게 놀라운 일을 할 수 있게 하는구나!'

"여호와를 바라고 그의 도를 지키라. 그리하면 네가 땅을 차지하게 하실 것이라(시편 37편 34절)."

도서관에서 밤새우고
병원으로 출근하던 시절

그 당시 김활란 총장님이 우리 이대생들에게 일주일에 한 번씩 '직업과 여성'이라는 과목을 직접 가르치셨다.

"여러분들은 어차피 의과대학생이고 의사가 될 테니까 전문직을 갖게 될 것이다. 전문직이라고 해서 의사의 역할만 하고 결혼생활을 포기해서는 안 된다. 하나님이 혼자 있는 아담이 외로우니까 아담의 갈비뼈를 취해서 여자를 만들어 함께 살도록 만들어주지 않았느냐? 남자만 사회활동 하는 것도 안 된다. 여러분들이 열심히 두 가지를 잘 병행해서 2세, 3세들로 하여금 세계로 뻗어나가도록 하나님의 방법으로 결혼해라."

그래서 내가 이렇게 물었다.

"결혼했다가 환경이 어렵거나 남편이 반대하거나 시댁에서 반대하거나 그러면 어떻게 직장에 다닐 수 있나요?"

"그럴 땐 그런대로 절대 표시 내지 말고 낮에는 시어른들, 남편 비위맞추고 제사 지내라 하면 제사음식 다 해주고 절할 때 절하는 척하고 그냥 제일 뒤에 서서 기도해라……." 그런 말씀 하나하나가 전부 나한테 도움이 됐다. 그러나 사실 그 당시에 결혼할 생각은 별로 없었다. 결혼할 마땅한 상대도 없었지만 여력도 없었다. 밤에도 기숙사로 돌아가지 않고 도서관에 남아 밤새 공부하다 잠깐 눈을 붙이고 새벽에 잠시 공부하다 병원으로 가곤 했다.

전능하신 하나님의 인도하심

나는 왜 오늘날 북한 동포를 위해 평양에 의과대학을 세우려 하고 개성공단에 가서 5년간이나 진료를 하는지 사람들이 그 이유를 묻는다. 그것은 지난날 내가 어렵게 지낼 때 주변에서 많은 도움을 받아 무사히 공부를 마칠 수 있었기 때문이다. 그리고 더 큰 이유는 외갓집 식구들이 북한으로 납치되어 생사를 모르는 고통 속에서 가족들이 하루도 마음 편히 살지 못했던 그런 한이 있기 때문이다.

서울에 올라와 지낼 곳이 없어 막막했지만 언니와 어머니는 먼저 올라와 있었다. 그때 외갓집 식구들이 모두 잘 살고 있었다. 외삼촌, 이모, 외할아버지가 청계천 부근 관철동과 안국동에서 살고 있었는데 이모부는 치과를 운영했고 이모는 경기여고를 나와서 그 당시 서울시 여성단체에서 회장을 하고 있어 대외적인 활동을 활발하게 하고 있었다.

그리고 첫째, 둘째 외삼촌은 영화도 찍고 사진촬영에 재능이 있어서 사진전시회도 하셨고 나중에는 공보부장관을 하셨다. 둘째 외삼촌은 이승만 대통령 때 청와대에서 보좌관을 하셨다. 그런데 그분들이 다 북한으로 납치된 것이다. 그래서 그분들의 집이 모두 텅텅 비어 있었다.

일본에 갔었던 두 이모들의 가족도 귀국하자 할 수 없이 대구에 있는 우리집 사랑채에서 함께 살았다. 외할아버지가 우리 아버지한테 처제를 돌봐줘서 고맙다고 선물을 잔뜩 사 가지고 대구에 다니러 온 사이 6·25사변이 난 것이다. 그래서 외할아버지가 서울에 못 올라가셨고 나중에 큰 집을 사서 모두 옮겨 살았다. 외할아버지가 땅도 많이 갖고 계셨기 때문에 교회도 하나 세웠다. 그러니 오늘날의 나는 절대적으로 하나님의 은혜로 살고 있는 것이다. 외할아버지가 현풍에 교회를 세우셨는데 어릴 때 교회 마당에 갔다가 할아버지의 동상을 만들어 놓은 것을 본 적이 있다. 외할아버지는 의로우시고 풍채도 좋으셨다. 그러나 6·25사변이 나고 똑똑하고 잘 나가던 아들, 딸들이 납치되자 마음고생이 심하셔서 병환이 나셨다.

언니가 이대 법과에서 공부한 똑똑한 여자였기에 외가와 이모의 집을 모두 되찾을 수 있었다. 외갓집은 세를 주고 안국동에 있는 큰 저택인 이모집에는 언니와 내가 들어가 살았다. 외삼촌 집에서 돈이 나왔지만 외할아버지가 외삼촌 돌아오면 주려고 그 돈을 쓰지 않고 모으셨다. 나는 본과로 올라가야 하는 판인데 돈이 없어 공부를 못 할 지경이었다. 부모님은 큰일 났다고 걱정만 하시는데 언니가 외할아버지한테 가서 간곡히 말씀을 드렸다.

"할아버지, 저렇게 열심히 공부 잘하는 제 동생이 여태 장학금을 받다가 한미재단 장학금이 끊어졌어요. 그러니까 할아버지가 좀 도와주세요."

외할아버지가 한참 생각하다가 울먹이는 언니에게 말씀하셨다.

"그래, 네 아버지가 아들도 없는데 용자가 아들노릇 하려면 공부를 끝까지 해야지. 내가 돈을 해주마."

외할아버지가 외삼촌 집에서 나오는 월세를 내게 주셔서 본과 4년을 공부할 수 있었다. 나는 계획하지 못했고 캄캄한 미래를 내다볼 수 없었지만 누군가 내 손을 잡고 한걸음 한걸음을 내디딜 수 있게 이러한 말씀으로 인도해 주셨던 것이다.

"네가 부를 때에는 나 여호와가 응답하겠고 네가 부르짖을 때에는 말하기를 내가 여기 있다 하리라(이사야서 58장 9절)."

옛날에 서양 사람들이 우리나라에 들어와 전도할 때 "서양귀신이 사람들을 홀려서 잡아먹는다!"고 하며 도망가고 그들을 순교시킬 때였다. 내가 살던 시골에 복음이 들어와 우리 어머니를 전도하고 그래서 어린 나도 복음을 받아들이고 기독교 학교에 진학을 하게 되었다. 마침내 기독교 대학을 찾아 이대에 입학하고 의사가 되어 훗날 세계복음화를 위해 내 열정을 바치게 된 그 역사는 정말 무엇으로 설명할 수 없을 만큼 신기한 일이다. 이것은 바로 내 일생 동안 갚을 길 없는 전능하신 하나님의 인도하심이 확실하다.

한미재단 장학금으로 공부할 수 있는 큰 축복을 얻은 만큼,
그에 보답하는 마음으로 국내뿐 아니라 국제적으로 봉사하겠다는
의지를 갖게 됐다.
1960년 이화여자대학 의과대학을 졸업하고 당시 최고의 명성을
가진 국립의료원(National Medical Center)에 도전장을 내밀었다.
당시 국립의료원은 전국의 수재들만 오는 곳이었고
영어회화 실력도 탁월해야 했다. 영어도 잘 못하면서
학장님께 조르다시피 해서 원서를 썼지만 막막하기만 했다.

두번째 이야기

용감한 팔 남매의 맏며느리
그리고 NMC 수련의 시절

국립의료원 합격과 황성수 국회의장

한미재단 장학금으로 공부할 수 있는 큰 축복을 얻은 만큼, 그에 보답하는 마음으로 국내뿐 아니라 국제적으로 봉사하겠다는 의지를 갖게 됐다.

1960년 이화여자대학 의과대학을 졸업하고 당시 최고의 명성을 가진 국립의료원(National Medical Center)에 도전장을 내밀었다. 당시 국립의료원은 전국의 수재들만 오는 곳이었고 영어회화 실력도 탁월해야 했다. 영어도 잘 못 하면서 학장님께 조르다시피 해서 원서를 썼지만 막막하기만 했다.

당시 내가 다니던 교회에서 영어성경을 가르쳐주시던, 미국에서 막 돌아오신 황성수 국회의장님께 영어면접을 위한 50여 개의 예상문제와 답안을 부탁드리자 흔쾌히 준비해 주셨다. 그분의 도움으로 합격할 수 있었던 감사한 기억을 잊을 수가 없다.

의과대학을 졸업하면 트레이닝을 받아야 하는데 이화여대에서 졸업을 하면 동대문에 있는 이대부속병원 인턴으로 가야 했다. 내가 본과 공부할 때 가 보니까 예상했던 것보다 작고 답답했다. 과연 이 작은 병원에서 인턴을 마치고 의사가 되어 내 꿈을 펼칠 수 있을까. 남녀공학인 연세대를 갈지 이화여대를 갈지 방황할 때 우리 어머니가 이대에 가서 김활란처럼 세계적으로 유명한 사람이 되라고 하셨는데 그 말씀이 허무맹랑한 것이 아니었다.

  이화여대 의대를 졸업할 때 50명이 함께 졸업했는데 15명만 인턴으로 뽑혔다. 당연히 나도 인턴이 됐다. 그러나 복잡한 마음속에서 열정이 끓어올랐다. 마음속으로는 '이게 아닌데······.' 하고 있었다.

  어느 날 학교 게시판에 을지로 6가에 있는 국립의료원에서 인턴을 뽑는다는 내용이 올라왔다. 국립의료원에서 인턴 30명을 뽑는데 내가 거기에 지원하겠노라고 그 당시 윤해병 내과 원장님께 원서를 써달라고 졸랐으나 안 써주었다.

  "너 정신이 있냐? 거기는 서울대, 연대, 고대에서 수재들만 가는 곳인데 너 그러다가 이화여대 인턴 자리도 놓친다. 만일 국립의료원에 원서 써주었다가 거기서 떨어지면 여기 다시 못 들어온다." 하고 엄포를 놓으셨다. 그러나 나는 합격했다.

죽으면 죽으리라

지금 생각해봐도 매사에 양 갈래 길이 나오면 "죽으면 죽고 살면 살리라." 하는 결단이 필요하다. 그래서 내가 "국립의료원에서 떨어지면 안 돌아오겠습니다." 하고 호기롭게 말했다. 이대병원에서 열심히 하면 나중에 의료원장도 될 수 있을 텐데 그걸 버리고 간다고 하니 답답해하며 그 누구도 동의하지 않았다. 나는 그들에게 이렇게 말했다.

"사회에 나가서, 더 많은 사람들과 겨뤄야 합니다. 전체 의료계에서 만나 경쟁해야지 우리 대학 안에서 안주하면 안 됩니다."

국립의료원에서는 필기시험을 마친 사람에 한해서 영어회화시험을 본다고 했다. 나는 영어회화에 자신이 없었다. 그 당시 나는 승동교회에 다니면서 영어성경을 배우고 있었다. 어릴 때부터 늘 읽고 외우던 성경을 영어로 공부하니 정말 재미있었다. 그 당시에 '에스더'를 공부하고 있었다. 지도교사는 황성수 국회의장이셨다.

어느 날 교회에서, 그분이 누구인지 까맣게 모르고 있던 나는 까만 지프차에 막 오르는 그분에게 달려갔다. "여보세요! 잠깐만요!" 하며 다급하게 달려가니까 그분이 백미러로 나를 보고는 차를 세우셨다. 왜 그러느냐고 하셔서 "저 영어 좀 가르쳐주세요."라고 당돌하게 말했다.

그러자 다음 주에 교회에 오면 가르쳐 주겠다고 했다.

"그게 아니고요. 저 면접시험 봅니다."라고 했더니 보좌관이 나를 그분에게서 떼어내려고 했다. 내가 너무나 갈급하게 "선생님! 잠깐만요!" 하며 달려드니까 그분이 명함을 주시면서 할 얘기가 있으면 여기로 전화하고 오라고 하셨다.

'아니, 내가 여기를 어떻게 찾아가?' 며칠을 고민하다가 이대로는 안 되겠다 싶어 명함을 들고 찾아간 곳이 바로 국회의장실이었다. 황성수 국회의장님이 "아니 무슨 시험인데 그러느냐?"고 해서 이렇게 말했다.

"저희 집에 아들이 없어서 제가 아들노릇 하려고 의과대학에 갔는데 이제 인턴으로 선발은 됐지만 세계적인 국립의료원에서 우리나라 수재들을 뽑는다는데 영어로 면접시험을 보거든요. 그 병원을 세우고 면접, 심사하시는 분들이 스웨덴, 노르웨이, 덴마크 사람들이라 우리말을 모르니 영어로 면접을 보는데 제가 필기는 자신이 있는데 회화는 자신이 없습니다."

"그동안 영어 공부를 어떻게 했나?"

"교회에서 선생님한테 배운 것밖에 없습니다. 선생님, 저 부탁이 있는데요. 한 50문제만 예상문제를 뽑아주세요."

그랬더니 50문제를 그 자리에서 뽑아주었다.

나는 그 길로 돌아와 3일 만에 그 문제들을 다 외워버렸다. 너무 쉬웠다. 나는 다시 그분을 찾아갔다. 비서가 면회를 안 시켜줘서 밖에서 하루 종일 기다렸다. 그분이 퇴근하실 때까지 기다렸다가 문을 열고 나오시기에 달려갔다.

"어? 왜 또 왔어?"

"영어문제 50개만 더 뽑아 주세요."

그분은 퇴근하시다가 말고 다시 들어가 50문제를 더 만들어주셨다. 나는 신이 나서 돌아와 그 문제들을 외우기 시작했다. 이때 만들어 주신 50문제 안에서 30문제가 고스란히 면접 때 나왔다. 수많은 응시자들이 면접시험에서 거의 다 떨어졌는데, 서울대학에서 여자 둘, 고대에서 둘, 이화여대에서는 나 하나만 합격했다. 합격자 발표가 났을 땐 정말 꿈만 같았다. 기도하며 하나님을 부르니 그때부터 눈물이 쏟아졌다.

"나를 부르신 이의 뜻은 내게 주신 자 중에 내가 하나도 잃어버리지 아니하고 마지막 날에 다시 살리는 이것이니라(요한복음 6장 39절)."

국립의료원 게이트 듀티 제도

내가 수련받은 국립의료원엔 게이트 듀티 제도가 있었다. 요즘엔 이걸 응급의학과라고 부른다.

그곳에는 애 낳으러 오는 사람, 다리 부러진 사람 별별 환자가 다 왔다. 국립의료원은 인턴교육을 유럽식 트레이닝으로 했다. 나는 어떤 환자가 오든지 자신있고 대담하게 치료하여 인정 받기 시작했다. 내가 그때 척척 일을 잘할 수 있었던 건 방학 때마다 남들 여행가고 놀 때 나는 짧은 시간도 쪼개어 황금처럼 이용해 여러 가지 의술을 배워두었기 때문이다. 방학이 되면 경북대학교 검사실 교수님을 찾아가 혈관주사 놓는 것도 미리 연습을 할 정도였다.

국립의료원 내과 의국 직원들(나는 오른쪽 끝 내 앞에는 김종술 박사)

국립의료원 각과 수련의 대표(나는 내과 대표)

　훗날 국립의료원 게이트 듀티가 되었을 때 내가 무슨 일이든 척척 잘하니까 의사들이 나를 유독 좋아했다. 특히 나는 간호사들이 잘 놓지 못하는 혈관주사를 잘 놓을 수 있었다.
　그 당시 첫 출산을 한 언니가 난산이어서 빈혈이 심해 내가 주사를 놔주었는데 부작용이 생겨서 대구 시내 전체를 뒤져 미제 링거를 구해 주사를 놓아 겨우 회복할 수 있었다. 그 당시 우리나라는 지금의 북한처럼 의료 상황이 형편없었다. 그때 형부의 주선으로 혈액내과 황기석 교수님한테 의료기술을 배울 수 있었고 실습도 할 수 있었다.

미국유학은 하나님 뜻이 아니었다

주변에서는 자꾸 결혼을 하라고 하는데 나는 결혼을 생각해 볼 여유가 없었다. 내게는 따라다니는 남자들이 많았다. 안국동 집에도 찾아오고 전화하여 만나자고 하는 남자들도 있었으나 따로 목표가 있었던 나는 그 누구도 마음에 들지 않았다.

그 당시에 나는 미국에 유학 갈 준비를 하고 미국 내 의사국가시험(ECFMG)을 치렀다. 모든 과목에서 통과하고 딱 한 과목, 영어 과목 때문에 떨어졌다. 이상했다. 내가 영어를 잘하는데 왜 영어 과목에서 떨어졌을까? 두 번째도, 세 번째도 떨어지고 나서 목사님께 가서 물었더니 "하나님이 당신을 수많은 경쟁자들 속에서 이끌어 주셔서 오늘날 당신이 원하는 대로 다된 것이다. 이화여대 가고 싶다면 거기에 보내주시고 국립의료원에도 보내주시고 이제는 그곳에서 제일 유명한 내과의사 아니냐? 그러나 미국에 가는 거는 하나님이 원치 않으신다."

"아니에요. 저는 가야 합니다. 하나님은 여태까지 내가 원하는 거 뭐든지 다 해주셨는데 왜 미국엔 왜 못 가게 하십니까?"

"두고 봐라. 여기서 공부해도 나중에, 미국에 간 것보다 더 유명한 사람이 될 거다."

목사님이 "순종은 산제사보다 낫다."고 하신 하나님 말씀을 일

깨워주셨다. 어려서는 어머니 말씀에, 목사님 말씀에 나중에는 시아버지 말씀에 순종해야 했다. 이분들의 말 속에 깃든 하나님의 말씀에 내가 순종한 것이다. 미국에 가려던 것을 포기하니 집안에서는 빨리 결혼을 하라고 재촉했다.

"야곱아 이스라엘아 이 일을 기억하라. 너는 내 종이니라. 내가 너를 지었으니 너는 내 종이니라. 이스라엘아 너는 나에게 잊혀지지 아니하리라(이사야서 44장 21절)."

도서관에서 만난 사람

국립의료원에서 인턴부터 내과 전공의 생활을 할 때 3년간 병원숙소에서 지냈다. 동료들은 주말이 되면 데이트 하느라 시내에 나가 그날만큼은 목에 힘을 주고 다녔다. 어느 날 나도 동료들을 따라 그 당시 달러만 받는, 비싸서 아무나 못 들어가는 스칸디나비아 클럽에도 가 보았다. 그때는 나도 날씬하고 예뻤기에 많은 남자 인턴, 레지던트들이 내 뒤를 따라오곤 했다. 숙소까지 찾아와서 문을 두드리고 불러냈지만 나는 그들이 눈에 차지 않아 만나주지 않았다.

나는 큰 꿈을 갖고 있었기 때문에 그들이 탐탁지 않았던 것이다. 물론 결혼할 생각도 없었다. 언제나 내 마음속에는 미국은 물론 전 세계를 다니며 무료진료하면서 전도하는 훌륭한 사람이 되려는 생각뿐이었다.

동료들과 함께 나가면 나는 언제나 남자들 속에 휩싸였다. 어딜 가든 남자들이 내 옆에 서로 앉으려고 하고 사진도 항상 나를 가운데 세우고 찍었다. 그러면 여자들은 내게 질투를 한다는 것도 알았다. 난 그런 것에 신경 쓰지 않고 도서관에 가서 죽어라 공부를 했다. 그런데 도서관에서 공부하다 보면 늘 내 옆에서 함께 공부하는 사람이 있었다. 그는 내가 졸면 깨워주기도 하고 연필이 떨어지면 주워주며 언제나 내 주변에 있었다.

국립의료원 2년차 여성레지던트들(나는 뒷줄 오른쪽 끝)

　병원에서 인턴으로서 전 과를 회진을 한 바퀴 돌고 나서 외과에 갔더니 도서관에서 보았던 그 사람이 있었다. 그는 나만 보면 말없이 싱글벙글 웃기만 해서 '별 이상한 사람이 다 있네.' 하고 생각했다. 외과에 가면 거기서 쓰는 전문용어를 내가 잘 모르는데 그가 옆에 와서 대신 써주어서 고맙다고 했더니 그러면 밥을 사라고 했다. 그가 내게 언제 시간이 있느냐고 물었다. 그래서 "토요일, 일요일에도 공부하고 주일날은 교회 가야 한다."고 했다. 어느 교회에 나가느냐고 물어서 승동교회에 나간다고 말해주었다.
　주일날 아침 교회에 가서 예배드리고 아이들을 가르치고 성경 공부에 영어성경 공부하고 찬양 연습하느라 종일 교회에서 시간을 보내다 세 시경에 나오는데 교회 문 앞에서 누군가 날 기다리고 있었다. 바로 도서관에서 보던 그 사람이 교회 문 앞에서 날 기다리고 있었다. 자신이 교인이 아니라 선뜻 교회 안으로 못 들어

온 것 같았다.

"아니, 여기 웬일이세요?"라고 물었더니 예배를 보러 왔다고 했다. 그래서 내가 예배를 보려면 안에 들어와야지 왜 안 들어오고 거기 있었느냐고 했더니 내가 언제 나올지 몰라서 그랬단다.

"우리 병원에서 늘 보잖아요?"

"병원에서 만나도 서로 얘기도 못 하잖아요."

둘 다 그렇게 어리숙했다. 그와 함께 한일관으로 저녁을 먹으러 갔었다. 나는 불고기라도 시켜주는 줄 알았더니 나한테는 뭐 먹을지 묻지도 않고 냉면을 두 개 시켰다. 나는 늘 병원 밥에 굶주리다가 오래간만에 외식을 하러 갔으니 불고기가 먹고 싶었는데 냉면을 시켜준 것이다. 그것도 나는 조금밖에 못 먹었는데 그는 혼자 후딱 먼저 먹고 멀뚱히 나를 쳐다보고 앉아 있었다. '참 매너도 없네……' 나는 그를 힐끗 보고 속으로 그런 생각을 하다 보니 냉면이 넘어가질 않아서 대충 먹다 젓가락을 놓았다.

식당을 나와서는 극장에 가자고 했다. 난 택시를 타고 갈 줄 알았는데 전차를 타자는 게 아닌가. 속으로 내가 '부잣집아들이라더니…… 이왕이면 불고기 사주고, 극장엔 택시를 타고 가지.' 하고 불만스러웠다. 그는 내 마음도 모르고 전차 타고 중앙극장엘 가자고 이끌어서 나는 일단 전차를 타고 가다가 병원 근처를 지날 때 을지로 6가에서 내려버렸다. 그런 일이 몇 번 있었다.

친구들의 장난, 남편과의 인연

하루는 나의 룸메이트가 내게 말했다.
"얘! 그 사람이 너 좋아하나보다. 너만 보면 웃잖아. 근데 그 사람 굉장히 유명한 재벌집 아들이래."
"재벌집 아들이면 뭐해? 돈 많고 놀기 좋아하는 건달 같은 사람이겠지."
"아니야! 그 사람 경복고등학교에 서울대학 나왔대."
그래서 내가 "서울대학 나온 게 뭐 대수야?" 했더니 "그 사람 아버지가 여기 메디컬센터 시민병원 시절 약국장이고 우리나라 제일 큰 제약회사 아들이야."
"하이고, 그러면 네가 결혼해라. 그렇게 좋으면."
"그 사람이 너만 좋다는데 뭘."

한번은 친구가 내 데이트 이야기를 듣고 그 사람이 구두쇠라고 하니까 친구들이 농담으로 그 사람과 결혼하면 고생하겠다며 결혼하지 말라고 하며 이렇게 말했다. "우리 그 사람 한번 골탕 먹이자. 반도호텔(롯데호텔 자리) 스카이라운지에 가면 굉장히 멋지고 비싼 식당이 있으니 우리 한번 그 사람 나오라고 해서 많이 시켜 먹고 골탕 먹이자."
어느 날 그 사람이 함께 식사하자고 교회로 오겠다고 했다.
"오늘은 교회 안 가요. 내 친구들이 밥이나 한 번 사래요."

"그래? 어디서?"

"반도 호텔이요."

그는 조금 놀라는 눈치였다.

"응, 알았어. 몇 시까지 가야 하는데?"

나와 친구들이 먼저 반도호텔로 가서 스테이크에다 맥주에다 6명이 실컷 시켜먹었다. 그가 멀리서 걸어오는 걸 보고 속으로 '저 사람 돈 없어서 어떡하지? 돈 없어서 볼모로 잡히는 꼴을 어떻게 보나……' 하며 한편으로 안쓰럽기도 했다. 어떻게 하나 지켜보고 있는데 그는 간단한 걸로 시켜 먹고는 계산대에 가서 현금을 한 다발 꺼내어 음식 값을 지불했다. 아마 이런 상황을 예상했었나 보다.

그는 철없는 내 친구들의 짓궂은 장난에도 개의치 않고 이해심 많은 남자다운 모습을 보여주었다. 나는 그에 대한 생각이 달라지기 시작했다. 나를 만나려는 게 그의 단순한 호기심이 아니라 어쩌면 진심일지도 모른다는 생각이 들었다.

우리 부모님을 만나러 오신 시아버님

도서관에서 만나던 그 남자는 나를 놓아주지 않았다. 그는 대구에 있는 본가에 연락을 해서 내 얘기를 한 모양이었다. 내 의사는 전혀 묻지도 않고 일방적으로 그의 아버지가 우리 부모님을 만나러 집에 다녀가셨다는 소식을 들었다.

그걸 본 동네사람들이 아무리 제약회사 회장 아들이고 으리으리한 차를 타고 다녀도 그렇지 저렇게 나이가 들었는데 그 똑똑하고 예쁜 딸을 나이 많은 신랑에게 시집보내서야 되겠느냐고 했다. 아무리 돈이 좋지만 신랑감이 너무 나이가 많다고 말이 많았던 모양이다.

나중에 알고 보니 우리 부모님을 만나러 왔던 사람은 신랑감이 아니고 시아버지였다.

미국 유학 가려던 것이 무산되자 집에서는 혼처가 괜찮은 것 같다고 당장 결혼하라고 했다. 신랑감에 대해 물어보니 팔남매에 맏아들이고 시누이가 다섯이라고 했다. 나는 아무것도 모르고 있었지만 어머니와 언니는 걱정이 많았다.

"아이고, 다 좋은데 어떻게 저 아무것도 모르고 공부만 하던 애를 팔남매의 맏며느리로 보내요?"

"시어머니가 시집살이 안 시키고 따로 살림 내주고 둘이 살게 한다더라."

그래서 안심하고 있는데 약혼을 하자고 하니 약혼식은 신부측에서 경비를 대는 거라 나는 집안 형편 때문에 근심스러웠다. 마지못해 결혼을 승낙했으나 이것저것 걸리는 게 많았다. 하지만 집안에서는 내가 하루빨리 그 집으로 시집가길 원했으니 어쩔 수 없었다. 약혼식을 1963년 4월 19일에 남산에 있는 외교구락부에서 하기로 했다.

약혼식 하던 날

나는 약혼식을 생략하고 싶었는데 시댁에서 해야 한다고 하니 따라야 했다. 우리 쪽 참석자는 부모님과 언니들, 형부, 사촌오빠, 올케밖에 없었다. 상대방 신랑측에서도 가족 몇 명이 나오는 줄로만 알고 있었다. 우리는 시골에서 6·25사변 이후 아버지가 작은 사업을 하며 근근이 살아가고 있었기에 갑자기 돈이 생길 리 없었다. 나는 집에서 머리를 손질하고 옷은 언니가 건네준 한복을 입고 신발을 손에 들고 택시 탈 돈이 없어 맨발로 동대문 병원에서 남산까지 헐레벌떡 뛰어갔다.

도착하여 건물 안으로 들어가는데 약혼식 장소가 어딘지 몰라 여기저기 기웃거리며 찾다보니 피아노 음악소리가 나고 근사한 장식이 되어 있는 곳이 있었다. 거기에 많은 사람들이 시끌벅적 몰려 있기에 결혼식을 하나싶어 얼핏 들여다보니 우리 부모님이 거기 앉아 계신 게 아닌가. 둘러보니 신랑측 사람들이 무려 50

1963년 남산외교구락부에서 약혼식을 했다

명이나 와서 앉아있었다.

"아니 결혼식도 아니고 이렇게 큰 데서 뭘 하냐?"고 물어보았다. 부모님과 언니, 형부도 황당한 표정이었다. 나는 화가 나서 눈물이 나는데 참아야 했다. 메디컬센터 외국손님들까지 와서 앉아 있으니 가족들과 상의를 할 수도 없었다. 내 옆에 있던 어머니, 아버지가 슬며시 나가고 이번엔 언니……가족들이 하나둘씩 다 나가 버렸다. 신랑이 우리 가족들은 다 어디 갔느냐고 물었다. 내가 너무 화가 나서 "모르겠어요. 나가봐요."하고 퉁명스럽게 대답했다.

그가 나가서 보니까 우리 식구들이 모여서 돈을 걷고 있었다고 한다. 신랑측에선 "우리가 돈 이미 다 계산했다."며 여유 있게 웃었다. 나는 우롱 당한 것 같아서 더 화가 났다. 우리가 못 산다고 이럴 수가 있나 하는 생각에 자존심이 상했다.

내가 병원에서는 누구 못지않은 자부심이 있는 사람인데 이게 무슨 봉변인가 하는 생각도 들었다. 제 아무리 부잣집 아들이라고 해도 주변사람들에 의해 등 떠밀려 결혼을 하려다가 점점 더 원치 않는 길로 들어선 느낌이었다.

약혼식이 끝나고 남산으로 드라이브를 가는 중에도 화가 가라앉지 않았다. 내가 기가 죽은 것 같아 기분이 언짢아진 언니가 약혼반지를 보더니 "부잣집이라더니 다이아반지가 너무 작다. 나 같으면 안 받겠다."고 말했다.

나는 그 말을 듣고 이번엔 기죽지 말아야겠다는 생각에 그 자리에서 반지를 빼서 신랑한테 돌려 줘버렸다. 며칠 후 시어머니가 오라고 하셔서 갔더니 커다란 트렁크를 주셨다. 패물이 들어 있나 하고 열어보니 돈이 가득 들어 있었고 시어머니는 나를 위로해 주셨다.

"다이아를 1캐럿짜리로 사려고 했는데 요즘 그런 걸 구할 수가 없어서 할 수 없이 5부짜리를 준비한 것이다. 그러니까 서운해하지 말고 이 돈 가져가서 네 마음대로 원하는 걸로 사라."

약혼식 후 남산 드라이브

나는 보석에 눈이 멀어 그런 게 아니었다. 약혼식 하면서 속이 상한 나에게 언니가 볼멘소리로 반지가 작다고 하니까 순간적으로 심술이 나서 그랬던 것이었다.

제약회사 대표이신 시아버님

시아버님(신언기)은 동인제약주식회사 대표이사를 역임하셨고 74세에 작고하셨다. 사범학교를 졸업하시고 중고등학교 교편을 잡으셨다가 뜻이 있어서 일본 오사카대학 약학대학을 졸업하셨다. 약사 면허로 대학병원에 근무하시다가 3년 후 귀국하여 당시 을지로 6가 부민병원(지금의 국립의료원) 약국장을 하셨다. 그 후 전북 군산에 (사)동인제약주식회사를 건립하셨다.

또 유리공장도 건립하셔서 링거와 병원용 주사 및 의약품을 전국구 동아, 중외, 종근당과 함께 '동인구론산'을 '동아박카스' 보다

시아버님이 하시는 동인제약과 유리공장 방문(가운데가 시부모님)

먼저 개발하였으나 6·25동란으로 인민군에게 납치되었다. 그러나 군에 의약품을 조달하기로 하고 풀려나셨다.

동인제약은 전국 3대 제약회사 중 하나였으나 장남인 나의 남편 신요철은 제약회사 운영을 마다하고 의사가 되기를 원했다. 그 이유는 제약회사는 언제나 병원 의사들의 하수인 노릇을 해야만 하고 어떤 의료사고가 나더라도 약사나 제약회사에 책임을 전가시키는 일이 있었기 때문이었다. 그래서 둘째 시동생은 법학을 전공하게 하고 셋째 시동생은 약대로 진학하여 각각 공장과 회사를 운영하게 했다.

내가 결혼하자마자 남편의 서울의대 선배인 동아제약 강신호 회장도 그들에게 제약회사를 맡기고 또한 종합병원을 세워 약사를 두고 운영하라고 해서 둘째, 셋째에게 그 막대한 제약회사와 유리공장 운영을 맡긴 결과 20년 만에 회사는 부도가 났다.

국립의료원 수련의 시절, 결혼생활

1963년, 국립의료원 내과 수련의 3년차에 결혼을 했다. 나는 27세 남편은 29세였다. 시댁에서 보문동 1가 40번지에 있는 한옥을 사주셨다. 시댁은 그 당시 부자동네인 합정동에 있었다. 처음에는 300평이나 되는 그 집에 들어와 살라고 하셨다.

그러나 시누이가 다섯에 시동생들까지 팔남매의 맏며느리인

국립의료원 수련의 시절 결혼을 했다

내가 들어와 살지도 않으니 병원에도 나가지 말라고 반대하셨다. 그걸 무릅쓰고 억척스럽게 병원에 나가니까 할 수 없이 가까운 보문동에다 집을 사주신 것이다.

우리집 건너편에 교회가 있었다. 신혼시절 고난이 많았으나 교회에 가서 예배를 드리며 전도사님과 기도를 하며 헤쳐 나갔다. 결혼은 했으나 미국에 가고 싶었는데 부모님이 반대하셔서 못 간 것 때문에 속이 상하고 힘들었다. 내 꿈을 펼치지 못하고 평범하게 살 수밖에 없는 현실이 괴로웠다.

기념일은 왜 그리 자주 돌아오는지 시아버지, 시어머니, 시누이, 시동생에 애들 대학졸업, 약혼, 또 대학졸업, 결혼, 퇴원……

결혼식날 스칸디나비아 3국 출신 각과 과장들과 의료진

병원 진료하면서도 그 뒷바라지를 하느라 정신없었다.

  병원에서 퇴근하고 집으로 돌아오면 시아버님이 오셔서 문을 열어보시고 우리 부부가 어떻게 살고 있는지 확인하셨다. 우리 부부는 당직 때문에 교대로 집에 들어오곤 했다. 그 와중에 시아버님은 우리병원 내과 레지던트 교수들한테 가서 우리 며느리가 제발 좀 병원을 그만두게 해달라고 부탁까지 하셨다. 그러지 않아도 직업과 가정생활을 병행하기가 힘들었는데.

대학원을 마치고 박사 학위를 받을 때

시아버지가 내게 말씀하셨다.

"얼마 안 있으면 애를 낳을 텐데 전문의하고 박사하고 둘 중에 하나만 택해라."

그때는 내가 서울대 대학원을 2년 만에 마치고 학위를 받을 때였다.

"둘 중에 하나는 양보해라. 너는 워낙 똑똑하고 잘났는데 우리 아들은 내가 보기에 너만큼 강하지 못하다. 너도 알다시피 내가 너무 아들을 귀하게 받들어 키워가지고 세상물정을 모른다. 거기다 네가 남편과 똑같이 공부하면 기가 죽을지 모르니까 하나는 포기해라."

나는 둘 다 포기하겠노라고 대답했다. 그때 레지던트 수련을 받고 있었는데 번갈아 병원에서 자느라 집에는 잘 안 들어오는 생활을 했다. 남편이 집에 있으면 내가 없고 내가 집에 있으면 남편이 없는 신혼생활을 하고 있으니 남부럽지 않게 자식을 키워 부족할 것 없이 뒷바라지해 주신 시아버지가 그런 나를 못마땅하게 생각했을 것이다.

어느 날 병원에 출근하니 김종설 한국 과장과 스웨덴 과장이 나를 불러 앉히더니 아무래도 내가 병원을 그만둬야겠다고 했다. 내가 써낸 것이 좀 부족하고 또 전문의 시험을 친다고 해봤자 떨어

1966년 남편은 서울의대 최연소(30세) 의학박사 학위를 취득했다

서울 의대 석사학위 수여식

서울의대 대학원 박사학위 수여식

박사학위를 받은 나를 축하해주는 남편

박사학위 취득을 축하해 주러 온
친정어머니와 가족들

박사학위 받은 나를 축하하는 기념파티를
롯데호텔에서 열어주신 시아버님(왼쪽에 서 계시는 분)

가수 김홍철과 나의 박사학위 지도교수인 이광호 교수

우리 삼남매도 엄마를 축하하러 와주었다

질 것 같다며 갑자기 이것저것 트집을 잡았다.

"아니, 지금 4년차이고 내일모레가 시험인데 어떻게 그만둬요?" 라고 했더니 사실은 시아버지가 국립의료원 전 직원들을 성북동 삼청각이라는 연회장을 빌려 접대하고 파티까지 열어주며 우리 며느리가 가정을 위해 병원에 못나가게 해달라고 부탁했다고 한다.

시아버지는 여자가 돈을 벌러 직장에 다닌다는 건 생활이 어려운 사람들이 하는 것이라고 생각하신 것이다. 남편이 결혼 후 2년 만에 서울대 최연소 의학박사 학위를 받았다.(1966년 2월) 그토록 남편이 훌륭하고 시아버지가 뒷바라지 잘해 주는데 뭣 때문에 집에서 살림이나 하지 않고 밖에 나가느냐는 것이었다.
나의 인생은 이로써 끝나는구나 하고 생각했다

의사생활 반대하신 시아버님

병원생활에 대한 극심한 반대에 부딪힌 나는 내 일을 포기하고는 도저히 못살 것 같아 심각하게 고민을 하다 약을 먹으려고도 했다. 그러나 그건 어머니, 아버지께도 못 할 짓이었다. 전문의도 따야 되고 미국 가서 의사시험도 봐야 되는데 게다가 임신 중이니 보통 심란한 게 아니었다. '아, 나는 이로써 끝나는구나!' 하고 있을 때 시아버지가 부르셔서 갔더니 우리 부부를 앉혀놓고 말씀하셨다.

"용자는 이제 밖에 나오지 마라. 만일 내말을 거스르거나 남편 말에 용자가 트집 잡으면 요철이 넌 오늘부터 집에 가지 마. 여기 있어. 용자 혼자 보내. 여자는 기를 꺾어야 된다."

또 우리 친정아버지를 불러다가 불만을 말씀하셨다.

"당신 딸이 너무 기가 세! 당신 딸 때문에 우리아들이 기가 죽어서 전혀 뻗어나가지를 못할 것 같애."

친정아버지께는 내가 아들 부럽지 않은 자랑스러운 딸이었는데 시집을 가서 그런 소리를 들어야 하니 속이 상하셨을 것이다.

그 시절 경상도 시골에서는 출가한 딸을 둔 사람들은 '시댁'이라는 말만 들어도 기가 죽는데, 우리 어머니는 걱정이 태산이었다. 그때 내가 너무 뼈아프게 깨달은 것은 경제적 수준 차이가 나는 결혼이 이렇게 어렵구나 하는 것이었다. 그럴수록 나는 더 열심히 해야 되겠다고 생각했다. 그러던 중에 첫딸을 낳았다.

내가 살아온 일생은 수난의 시대라 내 자녀에게만은 이것을 물려줄 수
없다는 의식이 뿌리 깊다. 이 험난한 세상을 꿈과 비전을 갖고
헤쳐 나간다면 결국은 참고 견디고 노력하는 자의 편을 하나님이
들어주시리라. 가족 모두가 주님 안에서 기도하며 각자 하는 일에
두각을 나타내며 세계 경제와 인구, 의료문제를 해결하고자
노력하고 있다. 이 모든 것이 하나님의 은혜가 아닐 수 없다.

세 번째 이야기

뜨거운 피로
빛과 소금이 되리

내 첫 병원 성도의원

어쩔 수 없이 병원을 그만두고 집에 들어앉아 있어야 했다. 창밖을 내다보니 새싹들이 꽃망울을 터뜨리고 있었지만 내 마음은 우울하기만 했다. 너무 억울해서 죽고만 싶었다.

그러다가 순간 우리 어머니 생각이 났다. 아들도 없는데 딸 하나 잘 키워 의사시켰더니 신문에 '어느 여의사 음독자살' 하고 내가 신문에 나면 그게 무슨 꼴인가? 그래서 죽지도 못하고 집에 마음을 붙이려 화분에 꽃을 키워보기도 하고 병아리를 키워보기도 하고 온갖 것을 다 해봐도 성에 차지 않았다. 한동안 마음을 의지할 데가 없어 교회에 가서 하나님을 찾곤 했다.

그 후 친구의 소개로 만난 서울대학교 심리학과 장병림 교수가 나에게 운전을 배워보라고 했다. 수영, 골프, 테니스를 배우고 운동으로 몸과 마음을 다스리면 머리 아픈 게 덜하고 모든 스트레스가 풀린다고 했다. 그렇게 마음을 다스리며 가만히 생각해 보니까 우리집은 창살 없는 감옥이었다. 생활비는 조금도 남지 않게 한 달 살만큼만 정확하게 맞추어 주고 식모도 시댁에서 데려다놓고 내가 교회를 얼마나 자주 가는지 보고하게 하고, 교회에 가서 살다시피 하던 나는 식모가 시아버지께 고자질하면 그날은 부부싸움을 하는 날이 됐다. 그러면 그 다음날 시아버지가 들이닥쳐 야단을 치셨다. 부엌에 가서 당신 아들이 무엇을 먹었는지 확인까지

하셨다.

　어느 날 창문을 활짝 열고 넓은 마당을 내다보며 이 공간을 활용할 방법이 없을까 궁리하다가 좋은 생각이 떠올랐다. 마당을 반으로 잘라 바깥쪽에 병원을 만들었다.

　그것이 내가 만든 첫 병원이었다. 국립의료원을 그만두고 스물아홉 살 때 처음으로 보문동 집 앞에 마당을 잘라 작은 건물을 세워 '성도의원'이라는 간판을 달고 병원을 만들어 환자를 보기 시작한 것이다. 개원을 하자 동네 주민들은 물론 국립의료원에서 내게 진료 받던 단골환자들까지 멀리서 찾아와 성도의원은 늘 환자들이 줄을 이었다.

　그 당시 한진운수 조중훈 사장의 집안, 이후락 가족 등 유명한 사람들까지 진료를 받으러 찾아오는데 침대가 모자라 애를 한 옆에 눕혀놓고 환자를 진료했다. 국립의료원에서 진료하던 유능한 의사가 개원을 했다고 소문이 나 환자들이 모여들었다.

　늘 환자들이 줄을 서니까 현대 정주영 회장이 넓은 데로 가서 개원하라고 해서 옮겼다. 현대 아파트 안에 있는 상가건물 안 60평되는 곳에 병원을 옮겨 진료하다가 거기도 비좁아 400평을 전부 내주었고, 상가 2, 3층을 모두 종합병원 시설로 마련해 주었다. 하지만 나는 애 키워가면서 교회에 다니면서 그렇게 큰 병원은 운영하지 못한다고 했다. 나를 위해 설계까지 해주었는데 내가 참으로 바보 같았다. 내과 60평만 차지하고 치과, 소아과 할 사람 들어오라고 해서 그냥 나눠주었다.

보문동 성도의원 시절, 아들 상진이는 유치원생

만일 내가 돈에 욕심이 있었다면 그것을 내가 모두 분양받아 병원이든 또 다른 사업이든 벌였다면 돈을 많이 벌었을지도 모른다. 그때나 지금이나 돈에 대한 개념이 없다. 사람들을 보기만 하면 교회 나가자, 소망교회라는 교회 하나 개척했으니 함께 교회에 가자고 전도하는 게 가장 큰 내 즐거움이었다.

그 당시는 큰딸 혜정이의 학부모모임에서 만난 이숙희(이건희 회장 둘째누나) 씨가 일제 크라운 자가용을 몰고 다녔다. 나는 감히 운전은 상상도 못 했는데 1973년도에 운전면허를 따서 자주색 피아트 자가용을 사서 구박을 받으며 배운 운전을 80세인 지금까지 하고 있다. 운전하는 그 시간만이 나의 유일한 휴식시간이다. CBS 방송설교, 메디아 채널의 사랑의 교회 오정현 목사님의 새벽 찬양 'I will make you fishers of man if you follow me……'를 들으며 힘과 용기를 얻고 졸음을 쫓는 원동력이 되곤 한다.

자녀들은 내가 운전하는 것을 말리고 기사를 두고 좀 쉬라고 한다. 80이 넘도록 운전하고 환자 보고 아직도 의료선교를 계속하는 것을 생각하면 가슴이 아파서 잠을 이룰 수 없다고 한다. 내가 지금까지 흰 가운과 운전대를 놓지 못하는 이유는 내가 때로 너무나 피곤하지만 그보다 더 큰 보람을 느끼기 때문이다.

그리고 내가 살아온 일생은 수난의 시대라 내 자녀에게만은 이것을 물려줄 수 없다는 의식이 뿌리 깊다. 이 험난한 세상을 꿈과 비전을 갖고 헤쳐 나간다면 결국은 참고 견디고 노력하는 자의 편을 하나님이 들어주시리라.

시아버님이 주신 아들 낳는 약

내가 딸 둘을 낳자 시아버님이 한약을 들고 병원으로 찾아와 아들을 낳는 약이라고 하며 주셨다.
"아버님, 제가 지금 입덧해서 못 먹어요."
"잘됐다! 입덧할 때 이거 먹어야 효과가 있다더라."
"네가 우리집 장손한테 시집와서 딸 둘 낳고, 또 딸 낳으면 어떡할 거야?"
밤 12시에 동쪽을 향해 절을 10번하고 먹으라고 하셨다.
교회에 다니며 기도생활을 열심히 하고 있는 나를 일하는 친척 아주머니한테 감시하게 하였다. 그래서 아주머니가 열두 시가 되면 그 약을 들고 내게로 왔다.
"열두 시입니다. 절 하세요!"
"두고 나가세요." 그렇게 말하고는 엎드려 하나님께 기도를 했다.
"시아버님이 아홉 첩이나 되는 약을 들고 와서 아들 낳으라고 간절히 말씀하시니 제가 먹겠습니다. 하나님, 이미 아들인지 딸인지 결정이 되었을 텐데 이 약을 먹어서 효과가 있을까요? 하나님이 알아서 해주십시오." 하고 눈물로 기도한 뒤에 먹었다. 그걸 먹어서 그런지 입덧은 좀 덜한 것 같았다. 드디어 아이를 낳았는데 아들이었다. 시아버님이 기뻐하시며 이렇게 말씀하셨다.
"거 봐라. 내가 그 한약방에 돈을 얼마 줬는지 아나? 다 내 덕이다."

그 아들이 바로 이대목동병원 정형외과 지금 세계적으로 이름 난 신상진 교수이다. 나는 약을 먹으면서 기도하고 하나님께 순종했다. 그렇게 낳은 우리 아들이 너무 잘생기고 건강해서 '우량아 선발대회'에 데리고 나갔더니 최우수상을 수상했다. 그 상을 타러 가야 되는데 프로판가스가 폭발하는 사고가 있었다. 그래서 시어머님이 두 살짜리 손주를 데리고 가셔서 우량아대회에서 준 커다란 금메달을 받아 오셨다.

시아버님이 하시는 말씀이 딸 둘에 아들을 낳았으니 너는 이제 연달아 아들을 낳아야 한다. 아들 하나만 가지고는 안 된다. 하나 더 낳으라고 하셨다. 내가 그 말씀에 순종하여 또다시 아들을 낳겠다고 임신을 하고 8, 9개월 됐을 때 화상으로 쓰러진 것이다. 그때 나는 기도 첫마디로 용서해 달라고 했다.

"하나님, 용서해 주세요. 잘못했습니다." 이렇게 계속 반복하여 기도하자 간호하시던 친정어머니가 내게 이렇게 말씀하셨다.

"네가 뭘 그렇게 잘못했는데? 밤낮 기도하는 너한테 하나님이 왜 이런 시련을 주시는지 모르겠다."

나는 열심히 신앙생활을 한다고 했지만 내 능력만 믿고 쉬지 않고 일하며 주일도 지키지 않고 환자를 보며 재물을 모으고 하나님의 뜻에 의지하지 않고 내 생각대로 판단하고 살아온 것이다.

가스폭발로 죽을 고비를 넘기다

　이른 아침부터 병원에 환자들이 들이닥치곤 할 때였다. 어느 날 아침에 일어났는데, 간호사가 말하길 환자가 벌써 대기실에 가득 찼다고 했다. 나는 출근 준비를 하느라 욕실에 있었는데 그 집은 한옥이라 순간온수기를 써야 했다. 막 샤워하려고 온수를 틀었는데 급한 환자가 왔다고 했다. 환자가 우선이니 가스를 틀어놓은 것도 잊고 씻지도 못하고 병원으로 달려갔다. 그때부터 하루 종일 환자가 밀려들어 밥도 먹을 겨를이 없었다. 밤늦게 퇴근하여 집에 돌아왔다.
　남편은 그때 군의관 생활을 할 때라 집에 없었고 나 혼자 아이들을 돌보다 저녁 먹이고 재운 다음 땀과 피로 얼룩진 진료가운을 벗고 목욕탕으로 들어갔다. 온종일 프로판가스가 새어나온 욕실에 들어가 수도꼭지를 트는 순간, 스파크가 나면서 '펑!' 하고 목욕탕 전체가 불덩어리가 되어버렸다. 그때가 밤 열 시였다.
　나는 몸에 온통 불이 붙은 채로 문을 열고 튀어나왔는데 마당에까지 불이 옮겨 붙었다. 내 몸에도 여기저기 불이 붙어 오십 년이 지난 지금까지도 흉터가 남아 있을 정도로 심한 화상을 입었다. 마당에 나와 보니 그날 마침 수돗물이 안 나와서 일하는 아줌마가 마당에 큰 통을 여러 개 놓고 물을 받아두었다. 나는 그것 때문에 살았다. 정신없이 그 물을 뒤집어썼다. 그러나 개 한 마리가 타 죽고 정원의 나무들이 전부 타버렸다. 일하는 아줌마가 나와 보니 내가 의식을 잃고 마당에 쓰러져 있었다고 한다. 나는 그때 임신 중이었다.

남편이 주말에 휴가 나와서 그런 나를 보더니 의사가 이렇게 화상을 입고 누워 있다는 게 창피하다며 병원에 데려가지 않았다. 다음 토요일에 나올 때까지 기다리라고 하고 부대에 들어갔는데 그때가 5월 말이었으니 날씨가 더워지기 시작하면서 제대로 치료를 받지 못해 얼굴, 손, 다리의 상처가 전부 곪아버렸다.

내가 밤에 자다가 열이 39도까지 올라 헛소리를 하니까 여덟 살짜리 큰딸 혜정이가 전화를 걸었다.

"이모, 엄마 죽을 거 같아요. 엄마가 자꾸 떨면서 울고 있어요."

대구에 있는 언니와 어머니가 놀라서 급히 올라왔다. 내가 열이 40도에 의식이 없는데 왜 빨리 입원을 시키지 않았느냐고 남편한테 물었다. 남편은 창피해서 그랬다고 했다. 그는 화상을 입어 머리카락까지 타버리고 온 몸에 붕대를 감은 나를 병원에 입원시키는 걸 부끄럽게 생각했던 것 같다. 보기 흉한 내 모습과 고통스러운 나를 외면하고 내 아름다운 모습만 사랑한 것 같아 원망스러웠다.

우린 사내 커플이어서 선망의 대상이었고 질투도 받으며 화려한 결혼식을 했고 다들 우리가 잘사는 줄 알고 있었다. 그러나 때로는 우리 자신이나 주변사람들 때문에 갈등을 겪었고 때로는 서로 맞춰 살아가려 안간힘을 쓰기도 했다. 남편은 부잣집 맏아들이어서 하고 싶은 것은 거의 다하고 살았다. 나 몰래 시아버지가 돈을 주는 것도 알고 있었다. 며느리가 기가 세다고 생각하신 시아버지는 아들이 안쓰러웠는지 "너 용자한테 기죽지 마라." 하시면서 나 모르게 용돈도 주고 많이 감싸주셨다. 장남인 내 남편을 자랑스럽게 생각하시고 아껴주셨다.

　나는 화상을 치료하고 석 달 만에 겨우 퇴원했고 휠체어를 탄 내 모습을 보고 사람들은 걷지도 못할 거라고 했지만 상처가 차츰 없어지고 거동이 가능해졌다. 성도의원엔 언제나 환자가 많았다. 나는 열심히 병원을 운영하여 2년 동안 진료하여 모은 돈으로 집에서 200미터 떨어진 곳에 아주 예쁜 한옥을 샀다.

　성공적으로 병원을 운영하는 나를 의식하셨는지 시아버님은 남편에게 영등포에다 종합병원을 만들어주셨다. 남편은 야간에 환자들이 갑자기 실려 오고 수술환자도 있어서 집에 안 들어오는 일이 자주 있었다. 시아버지가 병원 차려줬으면 열심히 해야지 왔다갔다하며 시간 낭비하지 말라고 하셨기 때문이다. 집으로 퇴근하지 말고 병원에서 자라고 명령하시고 가끔 시찰까지 하셨다. 아이들이 자주 아빠를 찾았다.

　그 당시 병상에 누워 지낼 때 귓가에 은은히 찬송가 442장 〈저 장미꽃 위에 이슬〉이 들려와 따라 부르곤 했다.

　저 장미꽃위에 이슬 아직 맺혀있는 그때에 귀에 은은히 소리 들리니 주 음성 분명하다. 주가 나와 동행을 하면서 나를 친구 삼으셨네. 우리 서로 받은 그 기쁨은 알 사람이 없도다. / 그 청아한 주의 음성 울던 새도 잠잠케 한다. 내게 들리던 주의 음성이 늘 귀에 쟁쟁하다. 주가 나와 동행을 하면서 나를 친구 삼으셨네. 우리 서로 받은 그 기쁨은 알 사람이 없도다. / 밤 깊도록 동산 안에 주와 함께 있으려 하나 괴론 세상에 할 일 많아서 날 가라 명하신다. 주가 나와 동행을 하면서 나를 친구 삼으셨네. 우리 서로 받은 그 기쁨은 알 사람이 없도다.

하나님의 은혜로 숱한 생명을 살려냈으나

지난날 내 어머니는 극진한 효성으로 외할아버지를 현풍으로 내려오시게 하여 교회도 개척하시고 내가 의학공부를 계속할 수 있도록 해주셨다. 서울 관철동 외삼촌(중앙청 공보실장)과 그 당시 경기여고 총동창회장이었던 계동 이모(이모부는 치과의사) 등 여러 가족이 납치당했다. 어머님은 돌아가시기 전까지 그리운 동생들을 잊지 못해 슬퍼하시다가 2002년 11월 22일 뇌졸중으로 돌아가셨다.

아버지는 1973년에 폐암 말기로 3개월밖에 못 사신다는 선고를 받았으나 내가 서울로 모시고 와서 국내에 없는 항암제를 일본에서 수입해 치료해 드리고 방사선 치료 등을 받게 하여 2년여를 더 사시게 하였다. 방사선치료의 부작용으로 심한 빈혈이 생겨 혈액공급이 어려워 직접 사람에게서 수혈을 하는 마지막 수단까지 썼다. 최선을 다해 치료해 드리고 전도하여 영혼 구원을 받고 세례도 받고 돌아가셨다.

그러나 어머니께는 그렇게 하지 못해 너무나 가슴이 아프고 한이 맺혀 지금도 어머니를 생각하면 가슴이 미어지고 눈물이 흐른다. 고혈압으로 인한 심장병은 내가 전공한 것이기에 자신 있게 지성병원(남편이 운영했던 병원)에 모셔 치료해 드릴 수 있었는데 그때는 왜 그렇게 하지 못했는지 가슴 아프고 후회스럽다.

그때 우리 종합병원에 시어머니(정창엽)를 8년간 모시다가 91세에 작고하셨다. 친정어머니는 딸 가진 죄인의 심정으로 언제나 내게 "시어머님께 잘하라."고 하시며 세브란스 병원에 입원하셨다. 그러나 1인실 입원비가 하루 20만 원이라는 말을 듣고는 퇴원하여 바로 시골로 내려가셨다. 그때 내가 좀 더 어머니를 설득하여 내 병원에 모셨더라면 100세까지는 나의 정성을 다하여 모실 수 있었을 것이다.

그러나 그렇게 하지 못한 것은 그 당시 이회창 대통령 후보를 도와 전국적으로 선거운동을 다니면서 한나라당 보건복지분과 위원장이라는 직책을 맡고 있었기 때문이었다.

어머니가 서울에 계실 때 좀 더 자주 찾아뵙고 가까이 해드리지 못한 것, 치료에 정성을 다하지 못한 한이 지금까지도 풀리지 않는다. 게다가 어머니 돌아가신 후 유산상속 문제로 재판까지 하게 될 줄은 모르셨을 것이다. 하늘나라에 계신 아버님과 어머님께 송구스러운 마음 금할 길이 없다.

그럼에도 불구하고 부모님의 기도와 축복을 빌어주심으로 현재 우리 네 자매는 모두 세상에서 여러 방면의 축복을 받고 건강하게 신앙생활을 하며 권사의 직분으로 봉사하며 함께 종합병원을 세울 수 있을 정도의 조건을 갖춘 의료집안을 이루었다.

지금 내 나이가 80인데도 하루 2시간 이상 운전하고 150여 명의 환자가 입원하고 있는 요양병원에 근무하면서 하나님의 은혜로 숱한 생명을 살려내고 연장시키고 있다. 그러나 정작 친정어머님과 시아버님, 시동생들을 살려내지 못했으니 한탄스럽다. 시댁의 많은 유산은 내 남편인 장남을 제외하고 7남매가 모두 나누어 가졌다. 우리는 하나님의 뜻을 따라 깨끗이 양보했다.

"평안을 너희에게 끼치노니 곧 나의 평안을 너희에게 주노라. 내가 너희에게 주는 것은 세상이 주는 것과 같지 아니하니라. 너희는 마음에 근심하지 말고 두려워하지도 말라(요한복음 14장 27절)."

이 말씀을 의지할 뿐이다.

남편의 경제적 실패 그러나 역전된 우리의 삶

　우리 부부가 서로의 얼굴을 볼 사이가 없이 서로 바쁘게 지내던 어느 날 집행관들이 내가 구입한 집과 성도의원에 들이닥쳐 빨간 딱지를 붙였다.
　"왜 이러시는 거예요? 무슨 일이에요?"
　내 남편 신 박사가 보증을 섰는데 그게 잘못된 것이란다. 사람들은 나한테 빨리 피신하라고 했다. 너무나 기가 막히고 다리에 힘이 풀렸다. 애들 셋을 데리고 갑자기 어디로 간단 말인가. 프로판가스가 폭발해 화상을 입었을 때도 죽을 것같이 힘들었는데 이건 또 무슨 일이며 앞으로 이 일은 어떻게 될 것인가.
　남편이 아버지가 따로 차려준 병원에서 지내면서 큰사기를 당한 것이었다.
　신촌 홍대 앞에 큰 빌딩이 하나 있는데 병원을 하다 부도가 난 건물이었다.(재민병원) 그 건물 대표는 외국에 있다고 속이고 가짜 사무장이 지성병원에 위장 취업을 했다. 그 사람이 큰 건물을 싸게 인수할 수 있게 해준다고 하니까 이 양반은 돈이 없다고 했고 그들은 앞으로 벌어서 주면 된다고 했다. 시세보다 적게 투자해도 인수할 수 있으니 부인 몰래 하라고 해서 나한테 말 안 하고 3천만 원을 은행에서 빌린 것이다. 남편은 그 이후 병원에서 수익이 나는 대로 은행이자도 갚고 그 사람한테 갖다 주곤 했다. 홍대 앞 오 층짜리 빌딩을 계약하려다가 돈이 모자라니까 시아버지가 사준 조그만 집을 은행에 담보로 잡히고 내가 산 집까지 잡힌 것이었다.
 급기야 부도가 나자, 자라서 훗날 피아니스트가 된 맏딸 아이(그 당시 2세)를 내가 업고 마포 친척집에 아이를 맡기고 피신한 적도 있었다. 그때부터 그 비슷한 일이 몇 번 있었지만 어릴 적 내 어머니가 그렇게 힘들어도 아버지 뒷바라지하고 희생하는 것을 보고 자랐기 때문에 나도 벌기만 하면 적금 붓고 병원 빚 갚아주느라 아이들 뒷바라지를 남들처럼 하지 못했다.

 그 당시 나는 열심히 일하는 가운데 일주일에 한 번은 쉬어야 되는데 그러지 못했다. 아이들하고 같이 외식도 하고 가족끼리 놀러 다니기도 했어야 했다. 하나님께서 천지를 창조하시고 하루는 사람을 만들고 마지막 안식일을 지키라고 했는데 못 지킨 것이다. 그러니까 그 많은 돈을 번 것도 헛된 일이고 바로 그게 나의 잘못이었다. 절대 술을 마시면 안 되고 주일날 뭘 사도 안 되는 건데 내가 다니던 그 교회는 예배 후에 자유롭게 맥주도 마시고 구역 예배 후에는 골프도 치러 가고 그러니 나도 한때 그런 분위기에 같이 휩싸였었다.

 기도할 때마다 '아, 이게 아닌데…… 이런 수박 겉핥기식 믿음 생활을 청산해야 하는데……' 하는 생각이 들어 그곳을 떠나고 싶어 하던 중 결국은 집이 날아갔고 남편이 운영하던 영등포 병원에 애들을 데리고 들어가 2층 입원실에서 생활을 했다.
 그래도 신앙심으로 내 마음을 다스리고 기도하며 남편과 합심하여 이 난국을 타개하리라 결심했다. 우리부부는 아이들을 늘 옆에서 지켜주지는 못하더라도 스스로 자신의 문제를 해결하며 성장해 나갈 수 있도록 기도하며 최선을 다해 양육했고 어려운 시간을 이겨낸 것이다.

그 결과 온 가족이 더욱 더 신앙적으로 강건해지고 주님 안에서 진정한 의미의 행복을 깨닫게 된 것이다.

"여호와는 가난하게도 하시고 부하게도 하시며 낮추기도 하시고 높이기도 하시는 도다. 가난한 자를 진토에서 일으키시며 빈궁한 자를 거름더미에서 올리사 귀족들과 함께 앉게 하시며 영광의 자리를 차지하게 하시는 도다. 땅의 기둥들은 여호와의 것이라. 여호와께서 세계를 그것들 위에 세우셨도다(사무엘상 2장 7-8절)."

아이 넷을 데리고 병원으로

우리가 빚을 지고 오갈 데가 없어도 합정동 대궐 같은 300평 저택의 시댁에서는 예수 믿는 내가 들어오면 집안 망한다고 들어와 같이 살자는 말씀을 안 하셨다.

애를 업고 시아버님한테 찾아가 도와달라고 사정을 했다. 오갈 데가 없어 영등포병원에 애들을 데려다 놓았는데 어떻게 할 수가 없다고 하소연했다. 그러자 시아버님은 내게 호통을 치셨다.

"안 돼! 그 집 날아간 건 다 네가 이 집에 들어와 재수가 없기 때문이야. 그렇게 예수 믿지 말라고 했는데 내말 안 듣고 교회만 찾아 다니더니! 그래서 이 모양이 된 거고 이제 우리 회사까지 망하게 할 거냐!" 하시며 불호령을 내리셨다.

"너는 똑똑하니까 혼자서도 잘살 거다. 남편, 애들 다 놔두고 이 집에서 나가라."

나는 딸아이를 업고 문밖으로 쫓겨 나왔다.

시어머니 방으로 가서 방 한 칸 얻을 돈 좀 빌려달라고 했으나 "얘야, 내가 무슨 돈이 있냐? 아버님이 저렇게 화를 내시니 나도 어쩔 수 없다." 하시면서도 20만 원을 주셔서 얼마나 감사했는지 모른다.

나는 애타는 심정으로 하소연했다.

"아버님, 애들 넷을 데리고 병원을 못 하겠어요. 너무 힘들어요. 왕진도 가야 되는데 어떡해요."

1970년도 지성병원

"그게 네 운명이다. 너는 스스로 열심히 하면 갖출 거 다 갖추고 얼마든지 혼자 잘살 수 있다." 내가 스스로 노력하고 우직하게 일을 해야 성공의 길이 열릴 것이니 따로 나가서 살라고 하신 시아버님의 말씀을 그대로 믿고 따랐다.

갈 곳이 없어 애들 넷을 데리고 영등포 병원에서 지냈다. 병원 2층에 있는 병실에 그랜드 피아노를 갖다놓고 그 밑에서 아이들이 잠을 자며 생활을 했다. 빚쟁이들이 남편의 병원 수익금은 다 가져가니까 나는 궁리 끝에 진료실에 칸막이를 하고 한쪽은 내과진료실로 썼다. 출입문도 따로 내고 완전히 분리해서 내 진료실을 만들었다. 이보다 더 힘들 때도 있었는데 하는 생각으로 언젠가는 모두 보상을 받을 날이 있으리라 믿으며 진료에 충실하고 하루하루 최선을 다해 성실하게 살았다.

내가 진료를 시작하자 예전에 보문동 성도병원에 오던 단골환자들이 영등포까지 찾아와 줄을 섰다. 일주일이 지나면 진료비로 받은 수익금에서 십일조를 떼어 봉투에 넣었다. 남편은 집 한 칸도 없으면서 교회에 무슨 돈을 그렇게 많이 내느냐고 물었고 나는 이렇게 대답했다.
"집 한 칸도 없으니까 돈을 낼 수 있지, 집이 있으면 관리하느라 여기저기 돈 들어가 십일조도 못 낸다."

"내가 여호와께 바라는 한 가지 일 그것을 구하리니 곧 내가 내 평생에 여호와의 집에서 살면서 여호와의 아름다움을 바라보며 그의 성전에서 사모하는 그것이라(시편 27편 4절)."
이 말씀을 잊을 수는 없었다.

남편은 내 병원이 잘되고 있으니 별 걱정이 없었다. 빚을 갚는 중에도 내가 열심히 뒷바라지를 하니, 하고 싶은 일을 하면서 지낼 수 있었다. 나처럼 돈을 모아야 한다는 강박관념이 없는 것 같았다. 부잣집 아들로 자라 그런 것 같았다.
우리 아이들이 자라면서 본 것은 엄마가 평생 아빠를 위해 뒷바라지하며 사는 모습이었다. 나는 돈이 생기는 대로 모아두었다가 영등포 병원을 이층, 삼층…… 육층까지 엘리베이터까지 설치하여 올려주었다. 비록 월세 아파트에 살면서도 남편의 병원만큼은 번듯하게 지어주고 싶었다. 만일 영등포 병원에 돈을 투자하지 않았다면 나는 강남구 중앙지역에 내 빌딩을 지어 어마어마하게 돈을 벌었을 것이다. 그러나 그렇게 되었다면 남편과 사이가 더 멀어졌을 것이다.

　내가 진료해서 버는 돈으로 초등학교 1학년인 아들은 영등포에서 새벽 5시면 기사 품에 안겨 태릉스케이트장으로 보내고(둘째는 영국으로 유학을 보냈다.) 애들을 집에 그냥 두지 않았고 내가 출근할 때 데리고 나가서 학교에 보내고 방과후에도 미술, 피아노 등을 배우게 하고 저녁에 내가 퇴근할 때 같이 들어오곤 했다.
　아이들 생활은 말이 아니었다. 아이들이 등교할 때 도시락도 못 싸주고 병원에 입원한 환자에게는 식사를 제공하는데 정작 애들은 밥을 굶겼다. 영등포에서 태릉스케이트장까지 가는 아들한테 도시락도 못 싸 보내는 엄마는 그래도 환자 진료는 봐야 했다. 아이들을 지켜보며 가슴 아파하던 심정은 이루 다 표현할 수 없다.

　지금 돌이켜 생각해봐도 불평 없이 그런 시간을 견뎌준 아이들이 대견하고 고맙기만 하다. 부모가 고생하는 걸 보면서 자란 아이들이 일찍 성숙해진 것 같았다. 그래서 더욱 마음이 아팠다. 아이들이 스스로 어려움을 겪고 이겨내면서 성장하도록 부모가 일정 거리를 두고 양육을 해야 훌륭한 성인으로 자라난다는 말도 있다. 하지만 그 시절 나는 그런 이론을 실천하려고 그랬던 것이 아니라 어쩔 수 없는 환경 때문에 애들 스스로 자기 일을 알아서 할 수밖에 없었던 상황이었다. 그러나 그것이 결국 우리들의 삶을 바꿔 놓았던 것이다. 오늘날 아이들은 내 도움 없이 훌륭하게 성장해 주어 기쁘고 감사하다.

압구정동에 자리를 잡다

영등포 병원 입원실에선 도저히 애들 밥도 못 먹일 형편이라 힘겹게 동부이촌동 현대아파트에 6개월 전셋집을 구해 들어갔다. 그러나 애 넷을 데리고 있으니까 계약기간이 만료된 후 6개월 더 연장해 달라고 하니 집주인이 애들이 많다고 거절했다.

그 당시 사촌형부가 현대건설 부사장이었다. 사촌언니는 우리가 영등포 병원에서 기거하고 있는 걸 보고 어떻게 이러고 사느냐면서 아파트로 옮겨가라고 주선해 주었다. 그래서 압구정 현대아파트로 이사를 갔다. 그리고 그곳에 10평짜리 병원을 개원했다.

압구정동 현대의원에서 방송사와 인터뷰 장면

이사를 간 후에는 병원에서 들어오는 수익금은 모두 아파트 할부금으로 납부해야 했다. 그때가 1976년 2월이었다.

그 당시 압구정동엔 잣나무만 있는 허허벌판이었고 아파트도 텅텅 비어 있었고 60평짜리 아파트가 1,250만 원이었다. 교회에는 어김없이 주일마다 십일조를 꼬박꼬박 냈다. 그 후에는 강변에 있는 압구정 현대아파트 13동 304호에 들어갔는데 65평짜리였다. 정말 궁궐 같았다. 얼마나 좋았는지 모른다. 그러나 여전히 아파트 얻느라 빌린 돈을 갚아야 했다. 매달 할부금을 매달 갚아 나가야 했다.

조선시대 세조 때의 권신 한명회가 지은 정자 압구정(狎鷗亭)이 있던 터가 지금의 압구정동이다. 1415~1487까지 살았던 한명회가 압구정이라는 정자(자신의 호와 같음)를 세웠는데 그 때부터 압구정의 역사가 시작된다. 지금은 압구정동 현대아파트 11동 뒤에 터를 알리는 비석만 서 있다.

늘 은밀히 보시는 주님

미국에 있는 딸아이가 아들을 낳아 옷을 사서 보내주려고 남대문 시장엘 갔다. 한참 옷을 다 골라놓고 보니 주인이 없어졌다. 아무리 불러도 안 나오더니 한참 만에 옷집 주인이 울면서 나왔다. "아니 왜 울어요?" 하고 물었더니 방송을 보았는데 어떤 여의사의 일생을 얘기하는데 그 여의사가 너무 불쌍해서 울었다고 했다. 내가 출연했던 방송 '새롭게 하소서'에서 나와 고은아 씨가 대담하는 것을 보고 너무 불쌍해서 사람들이 많이 울었다고 했다. 내가 영등포에서 환자를 진료할 때 그런 생활을 한 것이다. 탄탄대로를 걸어온 것 같은 내 인생도 알고 보면 수많은 우여곡절이 많았다.

교회에도 나가고 압구정에서 병원을 하다 보니 아무래도 많은 사람을 알게 되었다. 76년 압구정동 아파트 단지 주변엔 허허벌판이었다. 어렵게 사는 사람들도 참 많았다. 학교에서 운동회를 하면 내가 주치의로 진료를 해주었다. 운동회기념수건도 사주고 먹을 것도 사주었지만 나는 아무런 목적이 없었고 그냥 마음이 가는 대로 한 것이었다. 그러나 훗날 시의원에 뽑히는 과정에도 나의 그런 행동이 영향을 주었고 내가 베푼 만큼 복을 받은 것 같다.

남편도 결국 국내 라이온스 총재와 세계 라이온스 국제이사에 당선되고 의사회 회장도 하고 또 소망교회 장로도 하며 승승장구

소망교회 권사취임 기념예배 후 우리 부부

하는 복을 누렸다. 나는 남편이 원하는 것을 해주려고 최대한 노력했고 아이들을 위해 살았고 남편이 원하는 것을 이룬 다음에는 남편과 아이들의 도움으로 내가 사회활동을 할 수 있었다. 막내가 서울대에 입학하고 남편이 소망교회 장로가 되고 세계라이온스 국제이사가 되고 지성병원도 증축을 하고 그러고 나서 내 일에 매진했다.

   어려운 일을 당해 가슴이 아플 때나 아무도 모르게 내가 선행을 하거나 오직 하나님만이 그것을 아시고 위로해 주신 것이 아닌가 생각한다.

샛별교회 송 목사님과의 만남

소망교회가 생기기 전에 마포에 샛별교회라고 있었다. 집도 날아가고 아무것도 없는 그때 너무 혼란스러워 정신병원에라도 가고 싶을 때 큰딸이 다니는 리라초등학교 학부형 한 분이 어디론가 함께 가자고 했다. 나는 점 같은 건 안 본다고 했다. 그분은 마포 와우아파트 너머 꼭대기로 날 데려갔고 거기엔 샛별교회가 있었다. 샛별교회 송 목사님이 내가 온다는 말을 들었다며 기도를 해주셨는데, 내가 성령님의 인도하심으로 앞으로 굉장히 큰일을 할 거라고 했다.

내 힘든 상황을 말씀드리고 어떻게 할까 물으니 송 목사님은 그냥 참고 기다리라고 했다. 죽을 만큼 힘든 고비들을 샛별교회 목사님한테 위로를 받고 넘어갈 수 있었다. 목사님은 앞으로 내가 교회도 개척할 것이고 크게 일할 사람이라고 말씀하셨다.

이화여대 재학 중에 김활란 총장님도 내가 장학금을 받으러 가면 너는 낙동강변 잿더미 속에서 솟아난 여성의 꽃부리니까 꼭 뭔가 해낼 거라고 해서서 나는 대체 뭘 보고 이분들이 나한테 이러시나 싶었다. 현실은 아무것도 보이는 게 없는데 주위사람들이 나에게 너무 큰 기대를 하는 것 같았다.

소망교회 곽선희 목사님을 만나다

　사촌형부와 언니의 말대로 압구정동 현대상가로 병원을 옮기고 내 이름으로 따로 현대의원을 개원했다. 그러나 샛별교회는 너무 멀어서 차츰 못 나가는 날이 많았다. 압구정동에 작은 교회가 생겼는데 소망교회였다. 나는 멀더라도 은혜 받은 교회에 다녀야지 했는데 어느 날 현대아파트에 사는 친구가 곽선희 목사님을 인사시켜주겠다며 나를 하얏트 호텔 커피숍으로 데려 갔다. 곽선희 목사님을 거기에서 처음 만났고 목사님께 그간의 내 힘든 사정을 하소연했다. 곽선희 목사님은 이렇게 말씀하셨다.
　"남편은 시아버지의 재력으로 편안한 생활을 하다가 결혼했고 자신도 책임감 있는 일을 하고 돈을 벌어보려고 하다 사기를 당했으니 그 마음을 이해하고 부디 헤어질 생각은 하지 말고 노력을 해보라."고 하셨다. "앞으로 어떻게 저 사람과 맞추어 사나, 어떻게 해야 좋은 관계를 유지할까 그것만 생각하라."고 했다. 목사님의 말씀을 다 듣고 나서 소망교회에 등록했다.
　나중에 소망교회 부지를 물색하는 중에 압구정동의 현대상가를 임대해 달라고 하니까 새벽부터 찬송가 부르고 시끄러우면 아파트 짓는 데 재수 없다며 받아주지 않았다. 그래서 길 건너 신사동 건물 2층에 교회를 세우게 되었다. 신자는 40~50명 정도였다. 남편한테 교회에 가자고 했더니 처음엔 안 가겠다고 했지만 매일 남편을 설득하고 목사님께도 도움을 청했다.

벼랑 끝에서 용기를

우리 부부는 맞벌이를 했지만 서로 생활 패턴이 완전히 달랐다. 내가 신앙을 버리고 남편을 좇아가면 시댁에서는 좋아하겠지만 나는 도저히 신앙을 버릴 수 없었다. 결혼하고 얼마 안 돼서 시댁인 합정동으로 제사 지내러 갔더니 시아버님이 나에게 말씀하셨다.

"너, 예수 믿지 마라. 유리공장이고 충무로 제약회사고 빌딩을 너희에게 다 줄 텐데 네가 예수 믿는다고 밤낮 교회에 다니면서 재산 다 갖다 바치면 우리집안 망한다. 그리고 네가 뭐라고 기도하는지 모르겠지만, 네가 들어온 다음 부도가 났으니까 너 때문에 부정을 탄 거다. 그러니 네가 예수 안 믿으면 모든 재산을 다 주겠다."

그때 나는 시아버님께 이렇게 얘기했다.

"저는 예수를 안 믿으면 살 수가 없습니다. 하나님이 저를 의사도 시켜 주셨고 국립의료원에 합격시켜 주셨고 미국유학 포기하고 결혼해서 가정을 이루고 사는 오늘날까지 지켜주시고 인도해 주시는데 제가 어떻게 하나님을 버리겠습니까? 내 생명의 은인이신 예수님과 내 신앙을 버리지 못하겠습니다. 저는 재산도 필요 없습니다."

하고는 애를 업고 나와 버렸다. 나오니 당장 갈 데가 없었다.

압구정 현대아파트에 살면서 상가에 현대의원을 개원했다. 그때가 1976년도였다. 현대의원에 환자가 많아지니까 현대건설에서 나를 불러다가 300평 정도의 병원자리가 있으니 종합병원을 지어서 주민뿐만 아니라 강남 일대에 이름날 훌륭한 병원을 만들어 운영해 보라고 했다.

아파트 단지 안에 병원을 세운다고 하니까 훗날 보사부장관이 된 국립의료원에 있던 조양자 씨와 다른 의사들이 안과, 이비인후과, 내과가 다 오겠다고 했다. 나는 그래도 우리 남편이 와야지 내가 어떻게 여기서 원장을 할까 생각하여 끝까지 종합병원은 못 하겠다고 했다. 그러나 결국 남편이 오지 않아 나는 딱 100평만 갖고 월세를 내며 현대의원을 운영했다.

월세가 200만 원이었는데 병원에서 벌어들이는 돈은 빚 갚기에 빠듯하고 애들 학비에 또 영등포 병원 건물 올려주고 열심히 돈을 모아 남편과 아이들의 뒷바라지하는 재미로 힘들어도 견딜 수 있었다. 나중에 알고 보니 영등포 병원이 점점 커지니까 주위에서 사람들이 몰려들어 남편에게 여기저기 투자하도록 사기꾼들이 감언이설로 유혹한 것 같았다.

내가 살아오는 동안 느낀 것은 첫째 사람을 잘 만나야 된다는 것이다. 인연이라는 게 내 마음대로 만들어지는 것도 아니어서 기도하면서 좋은 사람을 만나야 한다. 둘째로는 어느 정도 재물이 있어야 한다는 것이다. 아무리 사람이 많아도 내 수중에 돈이 있어야 어려움에 빠진 사람들도 도울 수 있고 사람노릇을 할 수 있다. 셋째로 인내라는 것이 참 중요하다. 언제나 뒤에서 인내하며 참고 견디면 언젠가는 상대방도 변화되고 그 결실을 맺는다.

넷째는 하나님께로부터 받은 지혜가 있어야 한다. 지혜는 지식과 다른 것이다. 노력으로 지식을 쌓을 수는 있으나 지혜는 노력만으로 안 된다.

소망교회와 전자오르간

　소망교회를 증축할 때 거기에 걸맞은 전자오르간을 외국에서 주문하여 인천세관에 도착했고 오르간 대금 2억 5천은 이미 신자들이 돈을 모아 지불했다. 나머지 1억을 모아야 하는데 반대하는 사람들이 이걸 막으려 해서 목사님이 하루아침에 사기꾼으로 몰리게 되었다.
　"목사님, 어떻게 해서라도 목사님의 어려운 짐을 우리가 나눠 갖겠어요."
　15명의 신자들이 모여 밤 12시부터 새벽 5시까지 기도를 했다.
　새벽기도 철야 팀 15명은 그 후에도 문제만 생기면 모여서 기도원에 갔다. 그때는 우리 소망교회에 기도원이 없을 때였다. 낮에는 병원에서 진료하고 이천석 목사님이 계시는 한얼산 기도원으로 가곤 했다. 거기뿐만 아니라 삼각산, 오산리 기도원, 순복음교회와 광림교회 기도원 등 대한민국에 있는 기도원은 모두 찾아다녔다.

　어느 날 김수길 장로와 조수복 권사가 나를 만나러 왔다. 돈을 반씩 내서 1억을 모아 곽선희 목사님께 드리자고 했다. 이분들은 내과의사로 부산에서 크게 돈을 벌어 명동에 빌딩도 있고 우리 교회에서 제일 유명한 분들이었는데 부인은 걸스카우트 연맹 총재도 역임하신 훌륭한 분이었다. 그분들이 날 찾아온 것만으로도 영

논현동 기도실에서 곽선희 목사님과 김천수 목사님과 함께 회갑기념 예배드리는 중

광이었다. 눈앞이 아찔했다. 하루하루 벌어서 예고에 다니는 아이와 국가대표 스케이트 선수인 아이의 학비를 대는 것도 버거운데 어떻게 5천만 원을 낼 수 있겠는가. 마음은 그 액수의 돈을 내고 싶었지만 그 당시에 나는 도저히 여유가 없었다.

그러나 내가 여태까지 성공 가도를 달릴 수 있었던 이유와 기적적으로 어려움을 헤쳐 나올 수 있었던 이유를 가만히 생각해 보니 반드시 이 헌금을 해야겠다는 생각이 들었다. 물론 그분들은 내가 소망교회에서 신앙생활을 진실하게 하는 모습을 보고 그 많은 신자들을 놔두고 내 사정도 모른 채 헌금을 하라고 하신 것이었다. 아이들 학비로 한 달에 5백만 원씩 영국에 보내야 된다고 했더니 자기가 빌려줄 테니 걱정 말고 작정을 하라고 했다.

나는 집문서를 가지고 은행에 가서 3천만 원을 빌렸다. 그래도 2천만 원이 모자랐다. 조수복 권사님이 강송자 집사님한테 2천만 원을 빌려다 주었다. 그렇게 5천만 원을 모아서 드렸다. 교회는 한참 잘되고 있었다. 그러나 곽선희 목사님이 1억을 모으지 못하면 신뢰받지 못하고 어려움에 빠질 수도 있으니 1년만 1억을 빌려드려야 한다고 했다. 교회를 살리자고 한 것이다.

그 당시 김수길 장로님이 목사님께 1억을 갖다 드리면서 사실 5천만 원은 문용자에게 받았다고 했더니 깜짝 놀라시더라고 했다. 목사님은 그분이 빚을 갚느라 여념이 없을 테고 딸을 영국으로 유학 보내서 경제적으로 어려울 텐데 무슨 돈이 있겠느냐고 당장 돌려보내라고 하시면서 안경을 벗고 눈물을 흘리셨다고 한다.

남편과 함께 세계라이온스 대회에 참석하여 캠페인 활동을 하다가 딱 한 달 만에 돌아왔다. 돈 빌리고 외국 나가서 일주일 만에 귀국하니까 2천만 원 빌려준 교회 집사한테서 연락이 왔다. 빌려준 돈 돌려주기로 한 날이 한 달 남았는데 기한을 꼭 지켜달라는 거였다. 기한은 점점 다가오는데 그 돈을 다 어떻게 구할까 걱정이 태산이었다. 남편한테 말하면 미쳤다고 할 것이고 하소연할 데가 없으니 새벽기도 가서 하나님을 찾는 길밖에 없었다. 교회에서 새벽기도를 하다가 잠시 졸았는데 누군가 나를 깨웠다.

고개를 들어보니 목사님 비서였다. 곽선희 목사님의 비서가 와서 목사님이 좀 보자고 하신다고 했다. '아이고, 내가 집에도 안 가고 교회에서 엎드려 울다 잠들어 있으니까 목사님이 야단하시려 나보다.' 하고 걱정했다.

목사님 앞에 가서 차를 마시는데 봉투를 2개 꺼내놓으셨다.

"목사님, 이거 뭐예요?"

"얼마인지는 몰라도 며칠 전에 시골에서 압구정동으로 이사 온 사람들인데 한 사람은 집 판 돈이 남아서 십일조로 가져오고 한 사람은 사업하다가 이익이 남아서 건축하는 데 보태라고 가져왔는데 우리 건축은 다 끝났습니다."

소망교회 고등부 교사 때 고3 학생들을 논현동 집으로 초대 대학 진로 상담을 해주었다

"얼마인지 모르지만 교회에 쓰라고 주는 걸 저한테 주시면 되나요?"

"필경 당신은 그 돈을 빌렸을 것입니다. 그러니까 이 돈 가져가 쓰고 언젠가 교회에 돈이 필요할 때 가져오세요."

열어 보니 이천만 원이 들어 있었다. 빚을 갚을 수 있었다. 내가 한 것이 아니라 하나님이 그렇게 해주셨다. 얼마나 감사한지 나도 모르게 눈물이 흘렀다.

정말 그 돈을 갚지 못할 줄 알고 괴로워했는데 날 시험하신 건지는 모르겠지만 결국 고스란히 내게 돌려주신 것이다. 정말 상상도 못 할 반전이었다. 영적인 하나님의 인도하심 때문에 그 사람들도 교회에 이천만 원을 헌금하게 된 것이었다. 그해에 남편은 장로가 되었고 우리가 작정한 건축헌금도 다 낼 수 있었다. 지금도 소망교회에는 그 오르간이 있다.

"여호와께서 이스라엘 족속에게 이르시기를 너희는 나를 찾으라. 그리하면 살리라(아모스 5장 4절)."

소망교회 기도원과 엘림동산

곽선희 목사님은 새벽기도 중심이라 철야기도를 반대해서 철야기도 장소의 문을 잠갔다. 어느 날 교회에 가보니 문이 잠기고 신자들은 아무도 안 왔기에 나만 혼자 교회 앞 자동차 안에서 철야기도를 한 적이 있었다. 그런 것이 소문이 나 사람들이 나를 이상하게 생각한 적도 있었다.

"목사님, 문용자라는 여의사 있죠? 그 사람 좀 이상한 것 같습니다. 병원엔 안 가고 밤낮 교회에 가서 울면서 기도하고⋯⋯ 그뿐만 아니라 시간만 나면 대한민국 기도원은 다 찾아가는데 강원도 (백덕산기도원)까지 간답니다. 그것도 자기 혼자 가는 게 아니고 다른 사람들까지 끌고 다니니까 아무래도 그 사람을 징계하든지 대책을 세우세요."

목사님은 새벽기도가 끝나고 나서 우리 부부를 불러놓고 나에게 말씀하셨다.

"권사님은 훌륭한 의사로서 서울대학교에서 박사학위도 받고 환자도 잘보고 남편이 장로도 되고 국제라이온스 이사도 되고 아이들도 건강히 잘 자라는데 뭐가 부족해서 여기저기 기도원을 찾아다닙니까? 좀 조용하게 믿을 수 없나요?"

"기도를 집에서 하는 것보다는 교회에서 하는 게 편하고 혼자 하는 것보다 여럿이 합심해서 하는 게 더 좋고 하나님이 금요일은 철야기도 해라. 답답하고 힘든 일 있으면 금식하고 울며 부르짖으라 했는데 그걸 못 하게 하면 어떻게 합니까?"

교회에서 나오면서 남편이 나 장로 안 해도 좋으니까 목사님이 못 하게 해도 그냥 기도원 다니고 하고 싶은 대로 하라고 했다. 그때 남편한테 정말 고마웠다. 내가 하는 일에 대해 남편이 평소에 표현은 안 했지만 그래도 속으로는 지지해 주는구나 하는 생각에 무척 고마웠다. 그리고 세상 사람들이 나를 오해해도 좋다. 하나님만 진실을 아시면 된다는 생각뿐이었다.

교회를 개척하라는 소명을 받아 돈이 필요한 시골교회에 힘자라는 대로 돈을 갖다 주기도 했다. 빚도 있고 애들 학비도 들어가는데 '밀알회장'으로서 시골 개척교회에 돈이 필요하다면 빌려올망정 그것부터 해결했다.

어느 날 곽선희 목사님이 소망교회에 기도원이 없다고 하시며 이천석 목사님이 돌아가셨으니 한얼산 기도원을 우리가 사면 어떻겠느냐 물었다.

"목사님! 남의 기도원을 구입하는 건 저는 반대합니다. 제게 비록 1,000평밖에 안 되지만 용인 동백동에 아름다운 동산이 있으니 그것을 교회에 기증하겠습니다."라고 했다.

남편과 국제회의차 미국에 다녀오니 목사님한테서 전화가 왔다. "마침 어떤 신자가 곤지암 9만 평 땅을 기도원으로 기증한답니다. 하나님이 문 권사의 중심을 시험한 것 같네요. 시험에 통과했습니다." 하시며 웃으시기에 "그럼 그 기도원 기공식 때 저희 용인에도 함께 기공식 하겠습니다."라고 했다.

1991년 9월에 기공식을 하여 1992년 7월 18일 준공된 그 아름다운, 마지막 나의 엘림동산은 지금 이순간도 하나님의 지시만 기

소망교회 곤지암 수양관에서 기도를 마치고
(겟세마네 동산에서 기도하시는 예수님 조각상이 보인다)

다리고 명령하시는 대로 "예!" 하고 대답할 각오를 하고 있다.

그 땅에 세계적인 건축사 김수근 씨가 마지막 유작으로 설계해 준 건축물이 있는데 그 당시 아직 허가가 안 난 건축물이었다. 그 건축물을 기도원을 만들고 엘림기도원이라고 이름지었다. 누군가 내게 기도원을 쓰고 싶다고 부탁을 하면 지금껏 거절해 본 적이 없다. 그리고 그 기도원은 하나님이 맡아주셨다.

'엘림'이란 종려나무라는 뜻으로 이스라엘 백성이 출애굽하여 홍해를 건넌 후 두 번째로 진을 쳤던 곳이다. 12개의 샘물과 70그루의 종려나무가 있던 일종의 오아시스였다.

1999년도에 강원도 백덕산 꼭대기에 올라가 1년 전부터, 나라와 민족을 위해 기도하고 있는 여전도사를 방문하기 위해 출발했다. 우리 내외와 소망교회를 개척한 장로님 등 7명이 배낭에 그분에게 전달해 줄 양식과 생필품을 짊어지고 4시간 걸려 백덕산 아래까지 도착했다. 산꼭대기로 올라가는 동안 비가 와서 미끄러지며 어렵게 올라갔다. 겨우 올라가 보니 그녀가 천막을 치고 기도하고 있었다. 우리 일행이 여전도사와 함께 기도하다가 밤이 되어 자야 하는데 누울 곳도 없는 산 속이라 여성 셋이 천막 안에 들어가 3시간 자다가 나오고 그 다음엔 남자들 셋이 3시간 들어가 잤다. 그 전도사가 아들 등록금이 없어서 진학을 못 한다고 하여 십시일반으로 모아 전달해 주었던 기억도 있다. 요즘도 신자들이 신앙생활을 하려면 그런 적극적인 자세가 필요하다.

"여호와의 말씀에 너희는 이제라도 금식하며 울며 애통하고 마음을 다하여 내게로 돌아오라 하셨나니 너희는 옷을 찢지 말고 마음을 찢고 너희 하나님 여호와께로 돌아올지어다. 그는 은혜로우시며 자비로우시며 노하기를 더디 하시며 인애가 크시사 뜻을 돌이켜 재앙을 내리지 아니하시니(요엘서 2장 12절)."

곽선희 목사님과 '어느 여의사의 일생'

나는 늦게까지 병원에서 집에서 일을 해야 하니까 새벽기도 시간밖에 교회에 갈 시간이 없었다. 그래도 나는 틈날 때마다 교회에 열심히 나가고 십일조도 내고 주일이 되면 애들 가르치고 또 여전도회 사업부장, 집사, 권사도 하고 교사대학도 마치고 교구장 등 교회에서 할 수 있는 것은 모두 성실하게 하며 목사님 말씀에 의지해서 살았다.

곽선희 목사님은 내 남편이 라이온스 출마할 때 직접 강연 스피치 원고를 봐주시고 연습을 시켜주셨다. 연설문 원고를 손수 점검

논현동 기도실에서 예배드리는 중(곽선희 목사님께서 설교 중)

논현동 기도실에서

해 주셨다. 그래서 당선되었다.

어느 날 목사님은 내 남편이 국제라이온스 이사가 된 것을 축복해 주시고 이렇게 말씀하셨다.

"권사님, 원하시는 대로 남편을 세계적인 인물로 만들었습니다. 참, 대단합니다. 인생을 살면서 어떤 기회가 오면 힘들더라도 우선 '하나님 나 이거 하고 싶습니다.' 하고 기도하면 반드시 그게 이루어질 것입니다. 어떤 길을 가더라도 할 수 있다고 마음먹고 노력하면 어느새 그 지점이 자기 길이 되어 있을 것입니다. 그러니 뭐든지 최선을 다하세요."

힘들 때면 조용한 시간에 마주 앉아 이야기를 나누듯 하나님께 진심으로 간구하면 어느 곳에선가 하나님이 날 지켜주고 계시다는 확신이 들었다. 그런 생각에 나는 집을 장만하면 반드시 골방에 기도실을 마련하여 기도를 드리곤 했다.

목사님이 나를 주인공으로 한 '어느 여의사의 일생'이라는 제목으로 설교하시는 것을 테이프로 만들었다고 누군가 내게 갖다 주었다.

"나 여호와가 의로 너를 불렀은즉 내가 네 손을 잡아 너를 보호하며 너를 세워 백성의 언약과 이방의 빛이 되게 하리니(이사야서 42장 6절)."

차병원 신생아 실신 사건

1999년 중국 대사를 하셨던 황병태 강남지역 국회의원 시절 지역개발문제로 지구당사무실에서 회의 중 요란한 소리가 들렸다. "황병태 나와라! 의사회 책임자 나와라! 시의원 나와라!" 내다보니 100여명의 젊은 남녀가 몽둥이를 들고 모여 있었다. 나가 이유를 물으니 지금 차병원 산부인과 신생아들이 다 죽어가고 있다는 것이었다. 내가 해결해 보겠다고 대표 10사람을 선정해 그 병원서 만나자 하고 그 곳에 가보니 전 의료진이 모두 도망가고 그 큰 병원이 텅 비어 있었다. 신생아실에 가보니 벌써 SBS, KBS 기자들이 와있기에 내보냈다. 저녁 수유시간에 신생아실에 가보니 90여명의 신생아가 모두 입을 벌리고 기절상태에 빠진 상태였다고 한다.

신속히 아기들을 5층 병실로 옮기고 의사들의 진료를 받게 하고 산소 게이지를 FULL로 열고 1시간쯤 지나니 한 아기도 희생 없이 모유를 먹는 모습을 보고 하나님께 감사드렸다. 그 다음날, 의과대학 시절 은사님이신 차병원 차경섭원장님이 나를 찾으셨다. 그때의 보호자들이 다시 병원에 몰려와 위기를 맞았으니 사고의 일체 해결을 위한 모든 책임을 나에게 맡긴다는 위임장을 써오셨다. 나는 다시 그 대표들과 만났다. 그들은 병원 진찰실을 점거하고 5가지 조건을 들어주지 않으면 병원을 당국에 고발하겠다고 했다.

첫째 조건은 신생아들의 모든 진료비용 삭감, 둘째는 정신적 고

통 보상금 1인당 100만원씩 배상, 셋째는 앞으로 10년간 성장과
정에 있어 뇌질환 문제에 대한 보장 등을 요구했다.

그 당시만 해도 지금처럼 의료분쟁조정법과 공제조합이 없어
서 집단 의료사고란 엄청난 문제였다. 5일간을 그 문제를 조정하
기 위해 노력했다. 차경섭 원장은 결코 양보하지 않으려 했다. 피
해자들이 요구하는 치료비 약 1억원 외는 모두 거절했다.

마지막 5일째 되던 날, 원장님의 아들인 차광렬 선생에게서 전
화가 왔다. 두 번째 조건 100만원은 50만원으로, 10년간 아이들
보장문제는 5년으로 하여 마무리하자고 하였다. 나는 그 당시 의
료인들을 괴롭히는 문제를 국회와 보사부등 당국에, 의료분쟁조
정법 법적조치와 공제조합법을 대한의협에 건의했다. 이렇게 담
대하게 이 문제를 해결할 수 있었던 것은 마침 내가 서울시의사회
의료분쟁조정기구의 소장직을 맡고 있었기 때문이었다. 그렇게
종결되고 나서 10년이 훨씬 지난 지금 차병원은 세계적인 의료단
체가 되었다.

어느 날 차경섭 원장이 나에게 감사의 뜻을 표하겠다고 하시기
에 "은사님께서 제게 무슨 보답입니까? 제가 마침 강남지역 의료
인 대표가 아니었다면 또 원장님께서 소망교회까지 저를 찾아와
도움을 청하지 않았으면 하나님의 도움이 없었을 것입니다. 우리
함께 의료선교 하시죠?" 하고 말씀드렸다. 그 후 차경섭 원장님께
서 한국 의료선교 회장을 하시고 하나님의 축복으로 오늘날의 성
광의료재단으로 발전하는 모습을 보고 그때의 모습이 생각나 기
록으로 남기게 되었다.

예루살렘 성지순례

1990년 8월 30일부터 1개월간 소망교회에서 예루살렘 성지순례를 갔었다. 나는 그 당시 고등부 교사로 참여했고 내 남편 신박사도 함께했다. 공항에서 수속을 밟고 있는데 출입국관리소 쪽에서 소란스러운 소리가 나서 가보니 남편의 여권이 만료되었다. 짐은 벌써 보냈는데 너무 안타까웠다. 할 수 없이 남편은 3일 후에 오기로 했다. 남편이 3일 후에 도착했으나 밤새 설사하고 토하고 고생이 말이 아니었다. 할 수 없이 일행 중 한 명이 수지침으로 치료를 해주어서 겨우 가라앉았다. 민간요법을 통해 치료해 주신 하나님께 감사했다.

금요일 밤 11시에 숙소에 도착했다. 시내산 입구에 도착하여 다음날 새벽 2시에 낙타를 타고 시내산에 올라가기 위해 숙소에서 하루 묵기로 했다. 교사들에게 철야기도하며 기다리자고 하니까 다들 반대해서 나 혼자 철야기도를 했다. 다음날 남편이 말하기를 이스라엘에 40년 만에 사람 키만큼 눈이 왔다고 했다. 눈이 너무 많이 와서 길도 험하고 우리가 묵고 있던 집의 문이 열리지 않아 시내산에 가지 못했다. 하나님이 보시기에 우리가 철야기도를 반대하고 분열된 모습이 보시기에 좋지 않았으리라.

그 다음해에 1년 동안 기도로 무장하여 '에스더' 기도모임의 회장으로서 경북여고 27회 친구들과 함께 시내산과 사도바울의 7대 교회에 갈 수 있었다.

남편과 세계라이온스 국제대회

나는 말할 수 없이 힘들어도 남편이 원하는 것은 다해 주려고 노력했다. 성경말씀에도 남편을 예수님 모시듯 하라고 했으니까 그 사람은 나에 대해 무심해도 내가 그 사람하고 결혼하고, 미국 갈 것도 포기하고 살았으니 그 사람이 원하는 대로 다 해줘야겠다고 생각하며 살았다. 그래야 미국에 가지 않은 것도 내 인생도 헛된 실패작이 되지 않을 것이고 하나님도 우리 아이들을 성공의 길로 인도해 주실 것이라 믿었다.

남편의 라이온스 국제이사 당선을 위해 스톡홀름 국제행사에 참석해서 아침에 조찬 모임에 갔다. 나는 아침을 금식하는 중이니까 안 가겠다고 했는데 남편이 자꾸 가자고 했다. 그래서 아침에 스톡홀름에서 제일 큰 호텔인 그랜드 호텔로 갔다. 귀중품이 든 가방을 들고 갔다. 이왕 왔으니 커피와 케이크나 조금 먹으려고 테이블 위에 가방을 두고 가지러 갔다 오니 가방이 없어졌다. 안경부터 모든 귀중품이 다 들어 있는 가방인데, 황당하고 기가 막혔다. 고급 호텔이라 분실사건이 별로 없는데 국제이사 행사를 틈타 부부처럼 위장한 도둑들이 들끓었다. 금식기도를 제대로 하지 못해 일어난 일이다.

남편이 하는 일을 나 몰라라 하고 아이들만 위하고 교회에 헌금만 갖다 바치는 건 하나님이 원하시는 것이 아닐 것이다. 그래서 남편이 미국에 국제이사 후보 캠페인 행사에 가자고 해도 거절하지 않았다. 환자가 내일 온다고 하는데도 나는 외국에 가야 해서 다른 선생님이 오실 테니 그분에게 진료를 받으라고 마치 젖먹이 떼어놓고 가듯 남편과 미국에 동행했다.

"누구든지 여호와의 이름을 부르는 자는 구원을 얻으리니 이는 나 여호와의 말대로 시온산과 예루살렘에서 피할 자가 있을 것임이요 남은 자 중에 나 여호와의 부름을 받을 자가 있을 것임이니라(요엘2장 32절)."

주님, 이 사람을 살려 주세요

　92년 6월 말, 88올림픽도로를 지나 압구정동 병원으로 가는 중이었다. 덥기도 했지만 복통이 심해져 온 몸에 땀이 비 오듯 흘렀다. 핸들을 쥐고 기도하며 통증을 이기려 했지만 눈앞이 가물가물해지더니 정신을 잃었다. 정신을 차려보니 사이렌 소리가 요란하고 병원차가 다가와 차 문이 열리고 내가 병원으로 실려 가는 것을 알 수 있었다.

　서울대병원에 입원을 했으나 뚜렷한 병명도 없고 원인을 알 수 없었다. 단지 간수치가 정상보다 4배 가량 높았다. 생명을 유지하기 불가능한 수치였다. 초음파 촬영결과 간 속에 주먹만 한 덩어리가 보인다는 것이었다. "수술을 해야 한다. 아니다. 수술하면 과다출혈로 위험하다."며 의사들은 의견대립을 벌였다. 가족들은 울면서 병실 문을 나갔다. 그러나 나는 포기할 수 없었다. "하나님 저는 그동안 은혜와 사랑만 받고 살았습니다. 이제 그 은혜를 다 갚아야 하는데 저의 생명을 거두어 가시면 안 됩니다. 아직 한 일이라고는 남편 전도한 것뿐입니다. 전 아직 할 일이 많아요. 살려주세요." 남편과 내가 의지하고 매달릴 곳은 하나님뿐이었다.

　그때 목사님이 오셔서 기도를 해주었다. 앞으로 이 사람이 세계적으로 훌륭한 선교사가 될 텐데 하나님, 절 대신 데려가시고 이 문용자는 살려달라고 기도하셨다. 그분이 바로 LA에 계시는 권안나 목사님이다. 목사님이 열흘 동안 금식기도를 하고 내가 살아났다. 간에는 11센티 종양(cyst)이 아직도 남아 있다.

"여생을 의술로써 봉사하며 살겠습니다."

이제는 나만을 위한 삶이 아닌 이웃을 위해 열린 삶을 살기로 결심했다.

퇴원할 때 주치의 최규완 박사님(남편 서울의대 15회 동창)께 사례금을 드리니 서울대학교 병원교회 건축헌금으로 내라고 해서 휠체어를 타고 지하실 예배소로 가서 예배드린 후 목사님을 뵙고 헌금을 드렸다.

"교회 건축헌금 내신 분 중 제일 많이 낸 분이 누구며 얼마인지요?" 목사님은 휠체어 탄 환자의 질문을 의아하게 생각하시며 "복음교회 김모 여 집사님이 500만 원을 내셨습니다."고 하셨다. "그러면 저는 550만 원 작정하고 오늘 현재 100만 원뿐이니 450만 원 마저 다 헌금할 때까지라도 살 수 있게 기도해 주세요. 한 달 입원했지만 아직 원인을 발견 못 해 그냥 기도나 하려고 퇴원합니다." 하고 울면서 안수기도 받고 퇴원하였다.

그 후 2년 동안 그 돈 다 갚을 때까지 아프지 않았고, 지금까지 이렇게 일을 할 수 있게 해주신 하나님께 감사드린다. 그 후 한 번도 서울대학병원교회에 못 갔다. 나의 사랑하는 외손자 앤드류도 그 병원 소아과에서 치료받고 완치해 주신 하나님께 오늘도 잠들기 전까지 기도하는 마음으로 지내고 있다. 이 귀중한, 1분 1초가 아까운 시간을 어떻게 살고 믿음생활을 하여야 하나님의 그 은혜에 보답할 수 있을까. 잠들기 전 주님께 감사기도를 드릴뿐이다.

나는 지금도 여러 가지 병을 갖고 있다. 콩팥도 안 좋고 뇌도 안 좋고 갑상선 저하증도 있다. 너무 과로하고 내 힘에 벅차게 일을 하고 하루에 운전을 대여섯 시간 하니까 갑상선도 나빠진 것이다. 여러 가지 약을 먹으며 견디고 있다. 예수님도 장님을 눈 뜨게 할 때 바로 눈을 떠라 하신 게 아니고 흙에 침을 섞어 눈에 바르시고 가서 씻어라 하지 않았나. 나는 이제 하나님 믿는 일 외에는 다 접고 싶다.

"이같이 너희 빛을 사람 앞에 비춰게 하여 저희로 너희 착한 행실을 보고 하늘에 계신 너희 아버지께 영광을 돌리게 하라(마태복음 5장 16절)."

신앙의 길에서 만난 대통령과 따뜻한 영부인

나는 아무것도 몰랐지만 우리 가족들이 어려운 일을 당할 때에도 순간, 순간 갈 길을 열어주시고 그 모든 길들이 이어져 하나님의 뜻을 따르는 길로 연결이 되었다. 내가 살아온 인생을 보면 누구든 신앙생활을 하지 않을 수가 없을 것이다. 수년 전 내가 박근혜 대통령 옆에 앉아 그의 손을 붙잡고 언제 교회에 나갈 거냐고 간곡히 말했더니 때가 되면 나간다고 하며 한때는 자신도 신학교에 다닌 적이 있다고 했다. 나는 '지금이 그때입니다.'라고 했는데 아직도 못 나가고 있는 것 같다.

박정희 대통령 당시 내가 국립의료원에 있었는데 육영수 여사께서 우리를 초청해서 조찬 모임에 갔었다. 갈 때마다 진수성찬을 차려놓고는 딸기를 가리키며 육영수 여사께서 "제가 여러 의사 선생님들께 대접하려고 아침에 안양에 가서 직접 이 무공해 딸기를 따갖고 왔습니다."라고 했던 말이 기억에 남는다. 말 한마디를 해도 아주 따뜻하고 매너 있게 하는 분이어서 감동을 받았다.

기도는 내 삶의 필요를 늘 앞서 채워주었다

그리고 곽선희 목사님에게 이런 일도 있었다. 자주색 '피아트' 자동차가 처음 나왔을 때이다. 왕진하기 위해 내가 그 차를 구입해서 타고 다니니까 목사님이 내게 이렇게 말씀하셨다. "제가 교회 일을 하기 위해 차가 좀 필요한데 권사님이 형편 되시면 새로 차를 사고 그 차는 저를 주세요."

"아이고 제가 타던 차를 어떻게 드려요. 제가 차를 하나 사드리죠. 목사님, 지금 제가 미국에 가야 하는데 갔다 와서 멋진 차를 사서 드리겠습니다."

이렇게 말하고 미국에 갔다 오니 전화가 왔다.

"권사님, 차 안 사줘도 돼요."

"아니, 왜요?"

"하나님께서 권사님 마음을 알아보셨는지 교인 중에 기아자동차 사장부인(윤옥중 장로)이 교회에 차가 필요한 걸 우연히 알아가지고 차를 뽑아줬습니다."

하나님은 우리에게 무엇이 필요한지 먼저 알고 계셨다. 그래서 나는 아이들에게도 늘 어려운 일이 있거나 필요한 것이 있으면 하나님부터 찾으라고 말했다. 아이들은 서로 "나를 위해 기도해 줘. 오늘 무슨 날이다."라고 하며 자연스럽게 늘 자기들끼리 기도생활을 했다.

나의 신앙과 내 일생의 기도 제목

살다 보면 참으려고 해도 숨이 막힐 것 같아 억울해 도저히 참을 수가 없을 때가 있다. 그럴 때는 교회에 가서 하나님께 기도한다. "하나님, 대체 이걸 어떻게 참아요? 참는 법을 가르쳐주세요!"라고 기도한다. 내가 당장 이 억울함과 분노를 폭발시키고 되갚아주려고 한다면 상황은 더 어려워지고 모두 힘들어질 것이다. 그러나 참을 수 있는 지혜를 달라고 기도하면 어느덧 그 상황이 정리되고 내가 나서지 않아도 상대방이 죗값을 받고 내 눈앞에서 없어지는 수가 참으로 많았다. 이렇게 모든 일에 기도를 우선으로 하면 서로 다치지 않고 평화롭게 해결될 수 있다고 믿는다.

"억눌린 사람들을 위해 정의로 심판하시며 주린 자들에게 먹을 것을 주시는 이시로다. 여호와께서는 갇힌 자들에게 자유를 주시는도다. 여호와께서 맹인들의 눈을 여시며 여호와께서 비굴한 자들을 일으키시며 여호와께서 의인들을 사랑하시며 여호와께서 나그네들을 보호하시며 고아와 과부를 붙드시고 악인들의 길을 굽게 하시는 도다(시편 146편 7절~9절)."

나에게는 신조로 삼고 있는 SEVEN P.가 있다.

1. Prayer (기도하는 삶)

2. Proactive (매사에 솔선수범)

3. Practice (실천과 노력)

4. Passion (열정)

5. Patient (인내)

6. Positive (긍정적)

7. Peaces (평화를 추구)

사람들은, 하루 4시간 이상 잠자지 않고 세 끼의 식사조차 제대로 하지 못할 정도로 분주하게 보내며 정계와 여성계를 두루 누비며 뛰어다니는 나에게 옆에서 보기만 해도 숨이 가쁘다고 말한다. 이제껏 걸어온 나의 길을 돌이켜보면 정치인 이전에 사회활동가였고 그 이전에 의사였으며 의사이기 전에 한 집안의 딸로서 아내로서 엄마로서 8남매의 맏며느리로서의 삶에 최선을 다해왔다.

나의 자녀, 1남 3녀는 고맙게도 하나같이 명문대에 진학하여 의료계와 음악계, 법조계, 언론계에서 두각을 나타내는 21세기형 인재로 자라났다. 남편과 나의 관계는 동지적 동반자의 관계 속에서 내조하며 외조를 받으며 조용히 본분을 다해왔다. 내가 사회와 국가를 위해 세계무대를 뛰어다닐 수 있었던 힘은 바로 이와 같은 가정의 완성에서 비롯되었다고 당당하게 말할 수 있다.

기도도 중요하지만 아이들이 보기에 부모들이 최선을 다하는 모습을 보여야 한다. 우리 아이들이 부모가 각자 동지적 동반자로 사는 것을 보고 자신들도 열심히 살아온 것 같다. 아이들이 전교 회장을 하더라도 나서지 않고 온유하고 겸손하다. 우리 애들은 뒤에서 조용히 있어도 두각을 나타내곤 했다. 누군가 내게 어떻게 그렇게 자녀교육을 할 수 있었느냐고 물으면 나는 이렇게 대답한다.

"나의 신앙생활에 있어서 가정예배가 없었다면 그 모든 것이 불가능했을 것이다."

"네가 하나님의 오묘함을 어찌 능히 측량하며 전능자를 어찌 능히 완전히 알겠느냐(욥기11장 7절)."

내 기도를 들어주시고 나를 높여주시는 하나님

지난 삶을 돌아볼 때 어머니가 내 삶에서 중요한 위치를 차지했다는 걸 깨달았다. 그래서인지 나도 어머니의 소중함과 역할에 대해 강력하게 주장하곤 한다. 어머니가 되는 세대들에 대한 쓴소리도 마다하지 않는다.

현대 여성들은 여성으로서의 임무, 즉 엄마와 아내로서 완벽한 역할을 하는 것이 하나님의 뜻임에도 불구하고 그 역할에 충실하길 거부하는 것 같다. 그것은 주어진 상황에 대한 인내력과 투지가 부족하기 때문이다. 또한 현대여성들의 불만과 사회적 모순을 이해는 하지만 그걸 이겨내는 과정 속에서 하나님을 만날 수 있고 여성의 도리를 다할 수 있음을 모르기 때문이다. 나 자신도 하나님을 믿지 않는 남편을 만나 4남매를 낳아 키우면서 힘들고 어려운 과정도 있었지만 오직 하나님께 의지한 결과 자식들은 물론 손자들도 남부럽지 않게 믿음으로 키울 수 있었다.

나는 10살 때 의사라는 직업을 꿈꾸었다. 하나님께 드릴 수 있는 작은 보답이 될 수도 있다고 생각했기 때문이었다. 지금도 기도를 할 때면 눈물이 앞을 가린다. 내가 받은 하나님의 은혜에 비하면 내가 할 수 있는 것은 너무나 미미하다. 육체적인 한계가 있겠지만 여생을 하나님께 보답하는 데 주력하고 싶다.

앞으로도 의료봉사활동은 물론 복음전파에 최선을 다할 것이다. 강남에서 병원을 하고 시의원으로 활동했음에도 불구하고 영등포에 병원을 개원한 것은 그곳의 복음화율이 강남에 비해 너무 낮기 때문이었다. 많은 영혼들이 하나님께로 돌아와 환한 미소를 갖게 되기를 희망한다.

소망교회에서 장로후보를 뽑는데 남편이 후보에 올랐다. 남편을 전도하려는 내 노력을 알고 목사님이 배려해 주신 것이었다. 나는 깜짝 놀랐고 병원진료 후 장로선거 시간에 교회에 가서 "우리 남편이에요. 한 표만 부탁합니다." 하고 부탁하며 다녔다. 표가 너무 안 나와 남편이 낙심할까봐 걱정스러웠다. 결과는 15표가 나왔고 제일 꼴찌였다. 그래도 남편은 그때부터 교회에 나왔다. 주일날 나하고 같이 교회에 가서 예배도 보고 주일을 지켰다.

그렇게 바쁘게 살아가는 중에 왜 그리 허구한 날 나한테 부탁하는 사람들이 많은지 모른다. "종합병원에 입원해서 수술을 해야 하는데 지금 한 달을 기다렸다. 정말 위급하다. 빨리 좀 하게 해달라, 입원을 좀 해야 하는데 자리가 없다."고 부탁을 한다. 그런 청탁을 하면 내가 할 수 있는 한 최선을 다해 그 병원 원장에게 연락하여 내가 누구라고 하면 고맙게도 그쪽에서 알아주고 들어주곤 한다. 그만큼 하나님이 내 위치를 이렇게 높여주셨다. 내가 스스로 내 위치를 올리는 게 아니라 어려운 사람들의 일을 도와주다 보니 점점 어려운 일을 도울 수 있는 능력과 힘을 하나님이 만들어주신 것이다.

"누구든지 자기를 높이는 자는 낮아지고 누구든지 자기를 낮추는 자는 높아지리라(마태복음 23장 12절)."

남편의 라이온스 총재 및
국제이사 당선을 돕다

아이들은, 아버지가 집에도 잘 안 들어오고 그러다 집이 날아가고 엄마는 고생하는데 아버지는 왜 저럴까? 엄마가 아버지한테 잘못해서 그러나 하고 고민하는 것 같았다. 늘 아버지가 불쌍하다고 했다. 엄마 아니었으면 오늘날 자신들이 성공하지 못했을 걸 알면서도. 그러나 나는 남편에게 맞춰서 살려고 노력했다.

아이들이 어릴 때 남편이 집에 밤늦게 들어오고 겉돌 때가 있었다.

국제라이온스 이사 부인들과 스톡홀름에서(나는 뒤에서 두 번째 줄 오른쪽에서 두 번째)

1986년 뉴올리언스에서 라이온스 국제이사 선거운동 가두 캠페인을 하는 우리 부부

어느 날 아이들과 모여 예배를 드리고 있는데 열 살 된 아들이 나에게 부탁이 있다고 말문을 열었다.

"엄마, 아빠를 왜 같은 단상에 세 번씩 올려?"

"그게 무슨 소리야? 아빠가 왜 단상에 올라가? 맨날 병원에서 수술하잖아!"

"아니야. 언제나 5월이 되면 사람들 수천 명 모아놓고 단상에 올라가서 연설하는데 변호사, 재벌하고 싸워서 벌써 두 번이나 졌잖아. 그러니까 엄마가 도와줘."

"엄마가 너희들 보살피고 병원 운영하고 식구들 뒷바라지 해야지, 빚도 갚아야지. 시간이 없어."

"우리는 놔둬. 우리는 우리대로 공부하고 잘 지내잖아. 엄마 말대로 교회에 가서 말씀 듣고 성경 보고, 엄마 대신 목사님하고 상담하고 잘 지내니까 엄마가 나가서 아빠 좀 도와줘. 아빠가 잘돼야지. 아빠가 집에 와서 술 마시고 힘들어하고 의욕 없는 모습을 보면 우리 마음이 편하겠어? 그러니까 우리는 내버려두고 아빠를 도와줘."

아빠를 왜 같은 단상에 세 번씩이나 올리느냐는 아들의 말이 뇌리에 박혔다. 그래서 내가 "알겠다. 미안하다." 하고는 충청도, 강원도, 제주도 할 것 없이 전국을 비행기 타고 다니며 남편의 출마운동을 도왔다. 선거 관계자들이 말하기를 문 박사님 정성으로 안 될 일이 없을 거라고 했다. 그렇게 남편이 한국라이온스 354D지구 초대 총재와 세계라이온스 국제이사가 된 것이다.

브라질 리우에서 만난
한 여인의 삶을 바꾼 기적

　남편이 국제라이온스 이사가 되기 위해서는 세계 180개 국을 홍보차 다녀야 하는데 반드시 꼭 부부동반으로 가야만 한다고 했다. 나는 병원에서 진료를 해야 200만 원이나 하는 월세도 내고 애들 레슨비와 등록금을 낼 수 있었다. 그런데 남편이 갑자기 외국에 나가자고 하면 정말 막막하고 답답했지만 어차피 가야 할 일이니 싫은 기색하지 않고 따라 나섰다. 그곳에 가면 한복을 입고 행사에 참석하고 사진을 찍고 호화로운 호텔에서 자야 했다. 내가 그런 호텔에서 잠이 올 리가 없었다.

　어느 날 브라질 호텔에 있다가 밤중에 슬며시 나와 가이드한테 부탁을 했다.
　"나 교포 집 좀 안내해 달라."
　가이드는 내일 행사 때문에 그건 안 된다고 만류했다.
　"그러면 교포 중에 아는 사람 집으로 안내해 달라. 호텔음식을 못 먹겠다. 그 집에 가서 비빔밥이나 만둣국 좀 끓여달라."고 부탁했다.
　가이드가 "우리 총재 사모님인데 인사하러 왔다."고 하며 밤에 교포 집에 데려다 주었다. 그 사람들도 아직 저녁을 안 먹었다면서 같이 먹자고 밥을 차려주었다. 내가 이 집에 축복을 내려 달라고 기도하고 함께 식사했다. 모두 함께 모여 식사하며 한국에 대한 이야기와 브라질 생활에 대한 이야기를 나누었다.

그러다 밤이 깊어져 내일 아침에 호텔로 가기로 하고 그 집에서 자는데 잠이 오지 않았다. '하나님, 저를 왜 이 가정에 보내셨나요? 제가 와 있는 이 가정이 안 믿는 가정이라면 예수를 믿게 해달라.'고 기도했다. 그때 문을 살며시 열고 누가 들어오는데 그 집 부인이었다.

"어쩌다 저희 집에 오셨나요?"라고 묻기에 내가 호텔 음식이 입에 맞지 않고 에어컨바람이 너무 세서 이곳까지 오게 되었다며 적지만 보태 쓰라며 봉투를 줬더니 갑자기 그녀가 대성통곡을 했다. 그녀는 임신 8개월이었고 내일 아침에 남편과 이혼하고 한국에 가려고 보따리를 싸놓았다고 했다.

"아니, 그게 무슨 소리야? 여행사도 하고 남편은 태권도장도 하면서 잘사는 것 같은데 왜 그래요?"

"제가 여기 브라질에 올 때에는 남편이 미국에 데려 간다고 하고 저를 속였어요. 그렇게 데려와 놓고는 남편은 나를 장사시키고 자기는 태권도장 한다고 매일 나가서 술 먹고 늦게 들어오고 가정을 등한시합니다. 지금 딸 하나가 있지만 이혼하려고 결심했습니다. 임신한 아이는 여기서 수술이 안 되니 한국에 나가서 유산시키려고 해요."

'아, 이래서 하나님이 나를 이 집에 보내셨구나.' 생각했다.
하나님을 믿느냐고 했더니 옛날엔 믿었다고 하면서 앞으로 어떻게 해야 되는지 물었다.

"이혼하면 안 된다. 남편이 술 안 먹도록 잘 얘기하고 책임질게."
하고 위로하며 내가 앞으로도 계속 편지할 것이고 LA에 계시는 권 목사님이 나를 도와준 목사님인데 그분한테 얘기해서 당신을 도와주도록 하겠다고 했다.

그 집 남편을 붙들고 설득했다.

"어쩌다 이렇게 됐어요? 부인이 비행기 타고 한국 간다면서요?"
"글쎄요. 그런대요. 제가 어떻게 합니까?"라고 막연하게 대답했다.

나는 두 사람을 화해시키고 비행기 표를 사줄 테니까 혼자 한국으로 보내지 말라고 했다. 그리고 그들을 전도했다. 그 부부가 이혼하지 않은 것은 물론 아들을 낳았다. 그녀가 지금 브라질 리우에 있는 박명숙 전도사이다. 그 아들은 리우에서 해외선교사로 일하고 있다.

김우중 회장 부부의 시련과 신앙

대우그룹 김우중 회장의 부인 정희자 회장이 제31대 신사임당으로 선정되어 심사위원 초청행사를 남산 힐튼호텔에서 했다. 심사위원이었던 나는 행사장에 가서 감사인사를 하러 무대에 오른 김우중 회장이 한없이 흐르는 뜨거운 눈물로 인사를 미처 다 못하고 마무리하는 걸 보았다.

내 아들 상진이와 그 집 장남 선재는 은석회장단으로 친형제처럼 지냈다. 선재는 미국으로 유학을 가서 MIT 1학년 때 미국 간 엄마를 만나러 가다가 교통사고로 사망했다. 그 후 정 회장의 위암 등 숱한 시련들이 있기 이전 그를 전도하기 위해 소망 철야팀과 함께 곽선희 목사님을 모시고 힐튼호텔에 가서 예배도 보고 경주 힐튼호텔에도 함께 방문하여 만날 기회가 자주 있었다. 어느 날 회장단모임에서 정 회장이 나에게 "상진 어머니, 우리 남편과 이제 하나님을 믿기로 했어요."라고 말했다.

브라질 리우에 사업차 김우중 회장 부부가 함께 방문했을 때 마침 현지 직원들이 리우까지 왔으니 이구아수폭포를 관광하기로 했다. 이구아수폭포는 브라질과 아르헨티나, 파라과이 경계에 있다. 비행기를 타고 현지에 도착하자 모두 함께 함성을 올렸다고 한다. 하늘에서 구름 같은 폭포 물줄기가 큰 굉성과 함께 전개되어 그 자리서 남편에게 "여보, 하나님이 정말 천지를 창조하시고 이 순간도 함께 계심이 확실해요. 우리 한국 돌아가면 꼭 어머님이 다니시던 정동교회 나갑시다." 하고 결심했단다. 천하의 김우중 회장도 이 폭포의 엄청난 위력에 고개를 숙이고 교회에 다니기로 한 것이다.

"상진 어머님이 항상 전도하는 은혜로 하나님을 믿게 되었어요." 그 말에 나는 놀라고 감사했다. 그러나 내가 그 후 그 부부에게 계속 관심을 갖고 함께 시간을 하지 못한 죄책감이 있다.

그 당시 나는 정 회장님의 위암과 척추수술로 인한 고통과 미국 유학중인 장남을 잃은 것에 대한 뼈아픈 슬픔을 안고 있는 그들을 위해 기도했다. 시어머니가 정동교회 알렌관을 설립하였고 그 부부가 거기서 결혼을 했다. 그 후 정 회장은 "내가 소망교회에 새벽에 가끔 나간다. 둘째아들은 신앙생활을 잘하고 있다. 믿지 않는

앞줄 우측 두 번째는 나, 뒷줄 우측 두 번째는
대우 김우중 회장 부인 정희자 회장

브라질 이구아수 폭포 앞에서 하나님을 찬양하며

내가 이 집안에 들어와 하나님의 뜻을, 은혜를 모르고 살았다. 친정어머니가 불교여서 내가 가정을 신앙으로 이끌지 못했다. 친정 5남매도 일찍 다 죽었고 나 혼자 남았다."고 했다.

그 부부의 한을 하나님의 사랑으로 다스려야 하는데 내가 적극적으로 전도하고 돌보지 못한 것이 지금껏 후회스럽다.

박근혜 대통령도 20대 초반에 어머님을 잃고 장신대학을 나갔으나 어렵기도 하고 교수들의 권위의식 때문에 끝내 신앙을 받아들이지 못한 것 같다. 그 당시의 지도자들은 반성하고 주님께 용서를 빌어야 한다고 생각된다.

소망교회 심야철야기도팀과 한얼산 기도원

소망교회는 1978년 12월부터 현대 아파트 84동 건너편 상가 2층에서 시작하여 연탄난로를 놓고 예배를 드렸다. 그때 교회 활성화를 위한 기도를 시작한 것이 오늘날의 '심야철야기도팀'이 된 것이다. 15~20명이 모여 기도하는 데 매주 금요일 밤 12시부터 5시까지 한다. 집사와 권사들로 구성되어 있었고 그 당시 집사가 지금은 권사가 되어 있다. 이들이 그동안 교회의 모든 어려운 일과 각 가정의 기도제목을 갖고(그 당시에는 소망교회에 기도원이 없었다.) 수유리 영락기도원으로 갔다. 가장 많이 갔던 곳은 가평 한얼산 기도원이었다.

나는 낮에는 환자 진료하고 6시에 지성병원 앰뷸런스를 타고 기도원에 도착하면 8시가 되었다. 기도하러 모여든 사람들이 많아 들어갈 수 없을 땐 특별히 부탁해서 목사님이 서 계신 연단에 올라가 예배를 보았다. 내가 어릴 때 고향에서 그랬던 것처럼.
예배가 끝나면 목사님께 안수기도를 받고 각자 산에 올라가 잣나무를 붙잡고 밤새 기도를 했다. 새벽이 되면 예배를 마치고 나는 병원으로 돌아왔다.

그 후 이천석 목사님이 63빌딩에서 조용기, 곽선희 목사님과 함께 '나라와 민족을 위한 시국부흥집회'를 하다가 마지막 자신의 차례가 되었을 때 뇌출혈로 쓰러지셨다. 이천석 목사님의 장남 이영검 전도사가 아버지가 뇌출혈로 쓰러지셨다고 내게 전화를 했다. 가까운 신촌 세브란스병원 신경외과 의사를 추천해 주었으나 2시간 후 다시 연락이 왔다. 보증인이 없어 입원도 수술도 못 하고 있다고 했다. 내가 가려고 했으나 통금에 걸려 떠나지 못하고 전화로 병원에 항의를 했다. "기독교재단 병원에서 목사님한테 이럴 수가 있느냐!"

그러나 새벽에 내가 경찰차를 타고 달려가 수술동의서에 사인을 했을 땐 이미 5시간이 지나, 골든타임을 놓친 후였다. 이천석 목사님은 그 후 8년을 식물인간으로 누워 계시다가 돌아가셨다.

가나안 농군학교 방문. 김용기 장로의 아들 김평일 교장과 함께
(가운데가 나 왼쪽이 김평일 교장)

그 당시에는 '통행금지'로 인해 왕진을 못해 뇌경색 등을 제때에 치료하지 못하던 시절이었다.

이천석 목사님이 돌아가신 후에도 나는 한얼산 기도원에 계속 다녔고 소망교회에서 가평에 만든 9만 평의 기도원이 생긴 후론 그쪽으로 다녔다.

남편이 세계적인 라이온스 국제이사, 내가 시의원이 된 것도 그때에 쌓았던 신앙심이 하늘에 닿아 이루어진 것이다. 철야기도를 하면서 사남매 모두 성공시켰다. 아이들이 의사, 변호사, 피아니스트, 오디오피디가 되기까지 고비마다 철야 팀과 함께 기도하여 기도응답을 받곤 했다.

앞으로도 내 삶의 계획은 의료선교를 하며 살아가는 것이며, 환자들과 함께 찬양하고 예배드리며 보람 있는 날들을 보내고 싶다.

영은 교회와 전도폭발

남편이 운영하는 지성병원을 우리 부부가 합심하여 운영할 때 소망교회는 너무 멀어서 가까운 영은교회에 출석하였고 새벽기도에도 참석하였다. 우리 지성병원 6층에도 기도, 예배실이 있어서 영은교회 목사님이 오셔서 설교도 해주셨기 때문에 영은교회는 우리 지성병원과 무관하지 않다.

영은교회에서 지난 2013년에 6개월간 전도폭발 과정이 있었는데 나는 1단계에 참여했다.

전도폭발이란 선교, 전도하기 위한 최고위과정이라고 할 수 있다. 나 자신이 복음으로 무장되는 훈련이다. 은혜, 인간, 하나님, 예수그리스도 그리고 믿음이 무엇인지 정확하게 알게 된다. 복음이 내 속에 들어오고 내가 복음 속으로 들어가도록 훈련받는다. 그래서 흔들리지 않는 삶을 살 수 있다.

영은교회. 전도폭발훈련 보고 장면

나 자신이 영혼을 건지는 자로 무장되는 훈련이다. 사랑하는 사람에게 줄 수 있는 최고의 선물은 예수그리스도를 만나게 하는 일이다. 그래서 영원한 생명을 갖게 해주는 것이

영은교회 전도폭발 과정 수료(앞줄 왼쪽에서 두 번째가 나)

다. 복음으로 한 사람을 하나님의 능력 있는 군사로 키워내는 제자 훈련이다. 나 자신만이 복음을 전하는 것에 그치지 않고 나와 같이 복음을 효과적으로 전할 수 있는 또 한사람의 전도자로 무장시키는 제자 훈련인 것이다.

나는 6개월간 바로 이 전도폭발 과정을 공부하였고 성경으로 완벽히 무장할 수 있었다. 전도폭발 과정을 수료하는 날, 새로 태어나는 기쁨과 크나큰 하나님의 은혜를 실감하며 감사드리던 순간순간의 기억이 지금도 생생하다.

아직 2단계를 못하고 있는 이유는 성경을 외워야 하는 난관을 극복하지 못했기 때문이다. 2017년도에는 2단계에 도전하기 위해 기도하고 있다.

아이들이 스스로 어려움을 겪고 이겨내면서 성장하도록
부모가 일정 거리를 두고 양육을 해야 훌륭한 성인으로 자라난다는
말도 있다. 하지만 그 시절 나는 그런 이론을 실천하려고
그랬던 것이 아니라 어쩔 수 없는 환경 때문에 애들 스스로
자기 일을 알아서 할 수밖에 없었던 상황이었다.
그러나 그것이 결국 우리들의 삶을 바꿔 놓았던 것이다.
오늘날 아이들은 내 도움 없이 훌륭하게 성장해 주어 기쁘고 감사하다.

네 번째 이야기

하나님의 은혜로
잘 자라준 아이들

아이들은 스스로 잘 자라주었다

우리 부부는 큰딸 혜정, 둘쨋딸 희정, 아들 상진, 셋쨋딸 희수 이렇게 4남매를 두었다. 내가 내 일에 최선을 다하니까 아이들이 그걸 보고 자라며 어릴 때부터 자립심을 키워나간 것 같다. 밖에 나가서도 기죽지 않고 당당하고 무용, 미술, 수영, 스케이트를 시켜도 적극적으로 배웠다.

아이들은 새벽기도부터 시작해서 밤늦게까지 일하는 엄마 때문에 스스로 자신의 시간을 관리하고 절제할 줄 아는 유대인처럼 성장했다. 다른 엄마들은 아이를 학원에 데려다 주고 간식도 갖고 따라다니는 등 열성적이었다. 그런데 우리 아이들은 피아노를 너무나 잘 치는데 나는 따라다니며 뒷바라지를 못해 주니 선생들이 그렇게 말했다고 한다.

"남들은 저렇게 엄마가 따라 다니는데 너희 엄마는 밤낮 교회만 가서 엎드려 있으니 너 서울대학 갈 수 있겠니?"

둘째딸 희정이는 열한 살 때, 요즘의 김연아처럼 우리나라 피겨 스케이트 챔피언이 되었다. 매일 새벽부터 밖에 나와 지내고 집에 가봤자 엄마도 없으니까 스케이트장에서 놀면서 친구들의 엄마가 주는 간식을 먹었다. 친구들의 엄마가 주는 것을 먹으면서도 주눅 들지 않고 당당했다.

"너희 엄마는 여기 안 오고 뭐하냐?"

"우리엄만 병원에 있어요."

"엄마한테 돈만 벌지 말고 좀 오라고 그래."

이런 말을 여러 번 들으면 기가 죽어 연습을 잘 못했을 것 같은데 전심전력으로 열심히 하여 일등해서 영국으로 출전 하러 가게 된 것이다. 그 애가 국가대표선수가 되어 혼자 영국으로 갔을 때 불과 10살이었다. 너무나 감사하고 기특한 일이었다.

어느날 수원 침례교회에서 당회장이신 김장환 목사님을 우리 집에 어렵게 초대하여 방문하셨을 때도 내가 진료하느라 바빠서 접대를 못 하고 그분이 애들만 데리고 예배를 보시고 기도하셨다. 내가 나중에 들어와 너무나 죄송스러워 하니까 그분은 아니라고 내가 이 아이들을 만나 기도하길 잘했다고 하셨다. 우리 애들이 보통 애들이 아니라며 애들이 어리지만 함께 기도해 보니 어린 아이들이 신앙심도 깊고 스케일이 크고 지경이 상당히 넓어 세계를 무대로 활약할 거라고 말씀하셨다. 그 당시에는 대체 그게 무슨 말씀인지 우리 애들이 신앙심은 깊다고 해도 무엇을 보시고 지경이 넓다고 하셨는지 알 수 없었다.

김장환 목사님과 중국인 부부

　극동방송 운영위원으로 있던 우리 부부에게 김장환 목사님이 어느 날 한 가지 큰 부탁이 있다고 하셨다. "내가 중국서 어제 왔는데 중국인 부부를 데리고 왔다. 단동의 빼앗겼던 한인교회를 다시 찾기 위해 재판을 했는데 거의 패소될 것을 한인의 손을 들어준 고마운 중국 재판장께 감사의 뜻을 전했는데 한국방문을 원해서 기꺼이 도와드리겠다고 대답했다. 그러나 가족, 즉 단동 종합병원 내과 과장인 부인과 13세 딸도 함께 방문할 수 있느냐고 하여 마침 운영위원에 가입한 열성 성도 문 박사가 생각났다. 지금 데리고 왔으니 3개월간 알아서 모셔 달라."고 하셨다. 나는 막막하여 남편을 쳐다보고 남편은 나의 눈치를 보았다.

　일단 그 가족을 집으로 모시고 왔다. 그때는 우리가 압구정동 65평 현대 APT에 살고 있었다. 집에 도착하여 여장을 풀고 서툰 영어로 겨우 소통할 수 있었다. 우선 우리가 경영하는 영등포 종합병원과 지방법원, 고등법원 그리고 가정법원을 보여주고 부인 여의사는 내가 근무했던 국립의료원, 서울대병원과 시장 등을 관광시켰다. 그들은 서울 오기 3일 전 평양을 10여 일 방문했다고 하였다.

　그때 나는 평양에 가기 전이라 호기심에서 "어때요? 서울과 평양은 비교도 안 되죠? 서울이 훨씬 발전되고 살기도 좋죠? 했더니 한참 침묵하던 그 법관은 "평양은 창살 없는 감옥, 서울은 생지옥 같습니다."라고 했다.

  난 잘못 들은 줄 알고 남편을 쳐다보았더니 남편도 의아한 얼굴로 그들을 쳐다보고 있었다.

  그 말이 바로 오늘날의 대한민국의 현실이 될 줄 하나님은 이미 아셨을 것이다. 감사할 줄 모르고 남의 탓으로만 돌리는 미련하고 사악한 정당인들······

  그들이 떠난 후 단동에서 편지가 왔다. 감사의 글인 줄 알고 보니 부인 여의사가 자기병원에 의료기(CT, MRI 초음파)를 구해서 보내달라고 부탁하는 편지였다.

부모의 리더십이 자녀의 미래를 결정한다

그러니까 내가 애들한테 뒷바라지 해줬다는 것은 열심히 돈을 벌어다준 것뿐 엄마로서 따뜻한 사랑을 그때그때 베풀어 주지 못하고 시간을 함께하지 못했다. 애들에게 나누어 줄 그 사랑을 나는 밖에 나가 많은 사람들에게 베풀었다. 나는 동네사람들, 가난한 사람들에게 베풀고 전도하고 그러는 것이 어릴 때부터 자연스럽게 몸에 배었다. 6·25 때, 내가 아주 어릴 때 먹을 게 없고 천막 생활을 할 때부터 나보다는 내 가족, 이웃들이 고생하는 게 안쓰러워 도와주고 싶었다.

남편은 여러 단체의 중책을 맡아 바깥에서 바쁘고 나는 그 뒷바라지하느라 바쁜 가운데 우리 아이들은 내색하지 않았지만 그 속에서 갈등을 겪었을 것이다. 나는 그런 아이들에게 늘 이렇게 말했다.

"교회에 가라. 나는 바쁘니까 너희들하고 같이할 시간이 없다. 너는 저 아줌마하고 있고 너는 학원에 가라. 너는 공부하러 도서관에 가라."

아이들이 엄마를 필요로 하는 어린 시절, 아이들과 함께하지 못했다. 내가 끌어안고 목욕도 데려가고 머리도 따주고 하지 못해서 안쓰러웠다.

아이들 학교 선생님들은 내가 낮에는 병원에서 일하니까 밤늦게 찾아가도 이해를 해주었다. 학교에서 무슨 일이 생겨도 나는 학부형회의에도 참석 못 하고 절대 낮에는 학교에 가지 못했다. 밤에 담임한테 집으로 찾아갔다. 그 당시 들은 얘기로는 우리 애들이 학교에 와서도 떠들지 않고 조용히 얌전하게 있다는 얘기를 듣고 나는 마음이 아팠다. 그런 아이들을 겸손하고 점잖다고 하지만 내가 학교에 자주 못 가기를 펴지 못하는 게 아닌가 하고 미안한 마음이었다.

나중에 결혼도 자기들이 알아서 했다. 아이를 낳는다고 했을 때도 나는 가보지 못했다. 가슴 아픈 게 하나 있다. 지금은 내가 다 그만두고 애들을 좀 도와주고 싶어도 걔들은 워낙 자기들이 스스로 알아서 잘 자라 주었고 엄마라는 사람은 그저 사회의 공인이라고 생각하여 아무것도 바라지 않고 기대하지도 않는 것이다.
아이들에게 '엄마'라는 말보다 '문박사'라는 호칭을 더 많이 들은 것 같다.

아이들을 위한 나의 유일한 교육, 가정예배

나의 두 딸들은 서울대학에 진학하여 더 바랄 것이 없었으나 하나밖에 없는 아들이 부모의 바람을 어기고 의과대학에 안 가겠다고 했다. 우리 아들이 엄마, 아버지가 사는 걸 보니까 이건 바람직한 가정이 아닌 것 같다고 생각했을 것 같다. 눈만 뜨면 환자 진료에 무슨 학회라고 외국에 가고 교회 가고 집에선 책만 보고 모여서 예배만 드리고 도대체 가정이라는 따뜻한 느낌을 받을 수 없었을 것이다.

아이들이 초등학교 때도 아침엔 각자 스스로 일어나 학교에 가고 나도 애들 학교에 갈 때 나가버리고 밤에 늦게 들어와서 자곤 했으니 아이들과 함께 있는 시간이나 대화가 별로 없었다. 그때는 집안일은 돕는 아줌마도 있고 가정교사도 있었으니 애들을 잘 안아주지도 못하고 키웠다. 애들 교육이란 것도 그런 식이었다. 나한테 회초리를 맞고 혼나면 애들은 교회로 갔다. 애들이 목사님이나 전도사님한테 가서 마음을 털어놓았다.

어릴 때부터 엄마와 대화가 안 될 때면 교회에 가서 기도하고 목사님한테 하소연하고 전도사님한테 상담하며 성장해 갔다. 심지어 애들이 열이 나고 아파서 내가 주사 맞자고 하며 링거를 가져가면 안 맞겠다고, 전도사님한테 와서 기도해 달라고 했다. 그

때 그 아이들의 신앙이 나보다 훨씬 앞섰던 것 같다. 어릴 때부터 애들이 그러니까 내가 더 이상 애들에게 할 말이 없었다. 나보다 더 잘하고 있었다. 내가 하는 일은 눈물로 감사기도를 하는 수밖에 없었다.

'하나님, 오늘 이렇게 늦었습니다. 이 아이들은 엄마 얼굴도 못 보고 공부를 하다 잠들었는데 학교생활은 어떻게 돌아가는지 모르지만 내가 이렇게 엎드려 비오니 내 대신 하나님, 성령님이 이 아이들의 어머니, 아버지가 되어주세요.' 하고 기도하며 참 많이 울었다. 애들 숙제도 못 봐주고 엄마인 내가 해야 할 일을 하나님께 부탁드렸다. 우리아이들 잘 키워달라고 기도했다. 남편한테도 내가 아내노릇 잘못하니까 남편도 하나님이 지켜달라고 늘 그렇게 기도했다.

"내가 너와 함께 있어 네가 어디로 가든지 너를 지키며 너를 이끌어 이 땅으로 돌아오게 할지라. 내가 네게 허락한 것을 다 이루기까지 너를 떠나지 아니하리라(창세기 28장 15절)."

대견한 큰딸 혜정이의
어린 시절부터 결혼까지

어느 날 국립의료원 응급실에서 말하기를 어린애 하나가 다리에 뜨거운 물로 화상을 입어 급히 병원에 왔다고 했다. 간호사가 "엄마는 어디 갔니?" 하고 물으니 "우리엄마 여기 선생님이에요."라고 했단다.

대번에 '어머나! 우리 큰애가 아닐까?' 하는 생각이 들었다. 그때 큰딸이 네 살이고 둘째딸이 두 살이었다. 그 당시엔 전화도 없었다. 불안한 마음으로 한달음에 달려오니 병원에 사람들이 몰려있었다. 가까이 가 보니 나의 큰딸 혜정이가 실려와 있었다.

아직 어린 것이 일하는 애한테 "언니 물먹고 싶어." 하니까 그 애는 작은 애를 업고 있었고 혜정이에게 나가서 물을 떠먹으라고 했단다. 그래서 혼자 부엌에 내려간 것이다.

장녀 혜정이의 서울 음대 졸업식

옛날에는 부엌문을 열면 부뚜막이 있었고 슬리퍼를 신고 내려가야 했다. 일하는 애가 국을 끓여 식히려고 뚜껑 열고 바닥에 내려놨는데 우리 아이가 슬리퍼를 신으려다 뜨거운 국에 빠진 것이다. 겨우 네 살 때였다. 내가 아이 옷을 벗기니 피부가 다 벗겨졌다.

"엄마, 내가 잘못해서 빠졌어. 언니 혼내지마. 언니 잘못 아니야."

"너 이거 어떡해? 많이 아프지?"

"안 아파. 엄마."

그리고 나는 밖에 나갔는데 내가 없는 걸 알고 나서 그 어린 것이 "나 죽겠어. 아빠! 나 죽겠어." 하며 아파했다고 한다. 네 살밖에 안된 그 어린 혜정이가 믿기 어려울 만큼 참을성이 많아 안쓰럽고

장녀 혜정이의 졸업기념 연주회(혜정이와 우리 부부)

대견했다. 혜정인 그만큼 남을 생각하며 늘 집안의 맏딸로 동생들을 돌보며 잘 자라주었다.

혜정이의 대학원 학위 취득 연주회를 예술의 전당에서 하는 날 지금의 큰 사위가 어머니를 모시고 와서 관람한 것을 나중에 알았다. 그 후 혜정이를 한번 만나보고 싶어 한다는 얘기를 들었지만 혜정이가 바로 출국하여 만날 길이 없었다. 며칠 후 내 남편 신요철 박사가 세계라이온스 국제이사 출마 홍보를 위하여 뉴올리언스로 출국하는 날, 공항 출입구에서 점잖은 오십대 여인이 다가와 반갑게 인사를 하고 큰 따님을 한 번 귀국하게 해서 우리 아들과 만나게 할 수 없느냐고 했다. 그 말을 하기 위해, 신문을 보고 오늘 출국하시는 걸 알게 되어 아침부터 와서 기다리고 있었다고 했다. 우리 부부는 그 정성에 감동하여 혜정이에게 봄방학에 잠깐 나오라고 했다. 혜정이는 아무것도 모르고 우리의 말을 듣고 잠깐 귀국을 했는데 공항에는 사위가 나와 있었고 시어머님의 정성으로 결혼까지 하게 된 것이다.

손자 사무엘의 하버드 대학 졸업식이 있던 날

장녀 혜정이네 가족

그 후 혜정이는 임신하여 출산 1개월 앞두고 초음파진단을 하니 딸이라고 했다. 나는 내가 겪었던 일을 내 아이가 겪게 해서는 안 된다는 일념 하에 철야금식기도를 했다. 우리 종합병원에서 다섯 번이나 최신 초음파로 검사를 했는데 의사는 "첫 애기니 다음에 또 낳으면 되죠!"라고 했다. 어느 날 밤 꿈을 꾸었는데 혜정이가 아들을 낳아 그 아이를 내가 품에 안고 있었다. 하나님이 날 위로하시느라 그런 꿈을 주셨구나! 생각했다. 그 후 진짜 큰 아이의 진통이 시작되었을 때 내가 사남매를 낳은 국립의료원에 산통을 하는 딸아이를 데려다놓고 나는 교회기도실로 갔다. 세 시간도 안 되어 전화가 왔다. "축하합니다, 아들 순산했습니다!"라고 했다.

그런데 체중이 겨우 2.4kg이라고 하며 남자아이로선 체중미달이라고 했다. 나는 너무 놀라 "내가 잘못 들었나?" 하고 다시 물었다. "우리 애는 여자아이일 텐데요?" 라고 하자 박사님은 "아닙니다. 신혜정 님 아기 맞습니다!"라고 하셔서 하나님께 다시 기도를 드렸다. "하나님 감사합니다. 저의 숙제는 이제 풀었습니다."

그렇게 낳은 아이는 말 배울 때 "엄마!"라는 말 보다 "아멘!"이라는 말을 먼저 했다. 엉금엉금 기어 다니면서도 "주여!"라는 말을 했던 그 손자가 나에게 요즘 하루도 거르지 않고 3분 묵상 기도와 성경말씀을 아프리카 탄자니아에서 보내온다. 숙소도 없이 나뭇가지로 원두막을 짓고 태양열을 받아 전기 장치하고 우물을 파서 물을 공급하고 영어, 수학 교과서를 직접 만들어 현지인을 가르쳐 그들이 나아지는 것을 바라보고 통계를 내는 것이 손자 사무엘의 박사학위 논문 과제라고 들었다.

둘째 딸 신희정의 '러브스토리 인 하버드'

둘째 딸 희정이는 한국에서 피겨스케이트 선수로 활약을 했다 그러나 그 아이는 한국에서 배우는 테크닉에 만족하지 않고 피겨스케이팅의 선진 기술을 배우겠다는 각오로 초등학교 5학년 때 혼자 몸으로 런던공항에 도착했다. 말이 통하지 않아 이민관리국으로 넘겨진 아이는 울다 지쳐 탈진했고 공항직원이 연결해준 전화로 우여곡절 끝에 상황이 설명되어 영국에 입국이 허락되었고 둘째딸 희정이의 외국생활은 그렇게 시작되었다.

스케이트를 타는 희정이

2년 후 희정이가 집에 다니러 왔을 때의 일이다. 일찍 영국으로 유학을 가는 바람에 만날 친구도 없이 집에 있던 희정이는 내가 기도원을 가려 하는데 "엄마 어디가? 나도 갈래."라고 하면서 "나도 엄마 가는 기도원에 가서 어른들과 함께 예배보고 기도하겠다."고 했다. 내가 어릴 때 엄마 따라 교회 가던 바로 그 모습이었다. 하지만 난 안 데려갔는데 내가 아는 장 권사님이 희정이를 데리고 기도원에 온 것이다. 부흥회에 참석하고 있던 나는 그 애가

논현동 집에서 둘째 딸 희정이가 결혼 예복을 입고

어디에 있는 지도 모르고 있었다. 부흥집회가 끝나고 방언 받은 사람들은 손들고 앞으로 나오라고 하는데 고개를 들어보니 우리 희정이가 기도 중에 방언을 받아 이천석 목사님께 안수기도를 받고 있었던 것이다. 난 그렇게 못했는데, 내 딸 희정이가 참으로 대견스러웠다.

그 이후 영국으로 돌아간 희정이가 급하게 전화를 했다. 'Skate Junior world Champion ship' 경기대회를 하루 앞둔 날이었다. 희정인 다급한 목소리로 "엄마, 내가 30분 있으면 시합하러 나가야 하는데 열이 39도에다 어지럽고 토할 것 같아. 곽 목사님께 연락해서 기도 부탁해줘."라고 하는 것이었다.

우리 아이들은 피아노, 바이올린 실기시험이나 콩쿨이나 시합 때마다 나에게, 목사님들께 기도를 부탁하곤 했는데 얼마나 급하면 전화했을까? 마음이 아팠다. 15세 나이로 스위스 다보스(Davos)까지 가서 한국을 대표하여 태극기를 달고 시합에 나가야 하는데 아파서 못 나가겠다고 목사님의 기도를 부탁한 것이다. 급하게 연결된 목사님께선 고맙게도 스위스 다보스(Davos) 경기장 의무실에 있는 희정이에게 전화를 걸어 간절히 기도를 드려주신 후 안정을 찾아 대회에 나갔지만 예상된 성적을 거두진 못했다.

희정이는 스케이팅 코치로부터 "공부를 하든 스케이팅을 하든 하나만 선택하라!"는 무서운 목소리를 들으며 스케이트 훈련을 받고 언어를 익히고 공부를 하면서 두 가지를 다 해내려 애썼고 운동선생님은 유럽 선수권대회 주니어부 상위권, 국내 선수권대회의 석권을 목표로 희정이를 훈련시켰고 모두가 희정이의 앞날을 기대했다.

그러나 이 세계 선수권 대회 이후 희정이는 미국, 유럽 선수만큼은 못해도 일본과 북한선수들보다는 잘 할 수 있었는데 그러지 못해 억울해 했고 경제 강국이 못된 우리나라와 민족을 위해 공부하겠다고 결심하며 스케이트를 중단했다.

그 후 아는 사람 하나 없는 미국으로 건너간 희정이는 중학과정을 끝내고 미국 최고의 사립 고등학교인 필립스 앤도버 고등학교에 입학했다. 거기서도 올 A의 성적을 유지하며 아이스 하키부 활동을 하고 스케이팅을 지도하는 아르바이트를 했다. 하버드, 예일, 스탠퍼드, 브라운, 콜럼비아…… 쏟아지는 아이비리그 입학허가서를 받고, 결국 변호사가 되려고 하버드를 선택했다.

하버드에 들어가 한국유학생들과 성경모임을 주도하였으며 지금도 하버드 대학에서 기독교 모임을 만들어 후배들이 사회에서 진정한 기독교인이 되도록 지도하고 있다. 하버드를 졸업할 때 논문 제목이 〈여성의 지위 향상과 남녀차별의 척결〉이며 그 논문이 하버드 도서관에 진열되었다. 좋은 성적으로 졸업하고 콜럼비아 대학에서 법학을 공부했고 국제변호사 시험에 합격하였다. 그리고 기독교 믿음이 신실한 같은 학교의 동기생과 교회에서 만나 결혼하였다.

그러던 어느 날 동생 희수의 결혼식에 참석하러 미국에서 희정이가 귀국했는데 그의 남편 John에게서 전화가 왔다. "희정이가 미국 병원에서 갑상선 암 진단을 받고 수술해야 되는데 동생 결혼이라 무리하게 갔으니 끝나고 바로 보내주세요."

청천벽력 같은 소식이었다. '하나님, 희정이에게 이게 무슨 일입니까? 불쌍해서 어떻게 해요……'

11살 때부터 혼자 외국에 나가 고생하고 이젠 결혼하고 행복하게 살아야 하는데. 가끔 머리 아프고 피곤하다고 해서 한국에 왔을 때 종합 검사라도 하자고 했으나 미국 큰 병원에 가서 검사한다더니 무슨 날벼락인가. 모든 것을 완벽하게 하려는 그 애가 스트레스로 병을 얻은 것 같았다.

그 때 나는 정계진출을 하고 있었기 때문에 수술 때 가지 못했고 마침 뉴욕 부근에서 집회 중이신 곽선희 목사님께서 매일 기

둘째 딸 희정이네 가족

도해 주셨다. 골프공만한 임파선 12개를 제거하고 2개의 갑상선과 부갑상선 4개중 2개를 절제하고 성대까지 전이되어 조심스럽게 암세포를 제거 했으나 수술 후 30일 동안 목소리가 나오지 않았다.

수술 전 나는 용인 별장건축 그리고 정계진출 등으로 내 생각이 먼저였고 나의 교만과 오만은 또 고개를 들었던 것이다 그러나 희정이의 암 수술로 정신이 번쩍 들어 이번엔 정말 모든 계획을 중단하고 소망교회 철야 팀 권사님께 기도 부탁하고 저녁마다 권사 기도실에서 밤을 지샜다.

"하나님, 희정이를 변호사를 만들어 놓으시고 갑상선 암으로 목소리가 안 나오게 하시면 어떻게 해요. 이번 한번만 불쌍한 희정이를 구해주세요. 변호사 안 해도 좋으니 목소리만 나오게 해주세요."

매일 울며 기도하던 중 꼭 한 달 만에 전화를 받으니 희정이였다. "엄마! 나 지금 목소리가 나와!"

"내게 부르짖으라. 그러면 내가 응답하리라."는 말씀을 묵상하고 감사기도를 드렸다. 어찌 내가 하나님을 두려워하지 않을까. 2년 후 다시 재수술하고 지금 12년이 된 이날까지 무사히 살고 있다. 쉬지 말고 기도하고 범사에 감사하며 항상 기뻐하는 것이 하나님의 뜻을 따르는 것이리라.

희정이는 미국의 변호사 잡지에 이름이 오르내리는 J.P Morgan에서 경제변호사로 근무했고, 비행기와 대형 선박의 거래가 주 업무였다. 한번은 곽 목사님께서 너는 유명 변호사가 되었으니 재물보다 명예를 중시하는 변호사가 되라고 했을 때 희정이는 이렇게 말했다.

"아닙니다. 저는 하나님의 뜻이면 재물도 명예도 겸하는 변호사가 되겠습니다."

"겸손과 여호와를 경외함에 보응은 재물과 영광과 생명이니라." 라는 성경말씀이 있다고 대답했다.

희정이는 언제나 자신은 조국을 대표하는 사람임을 잊지 않으며, 지난 시간 누구의 도움도 없이 일어서게 된 것은 하나님의 뜻이니 하나님께 영광 돌리는 사람이 되겠다고 한다.

하나님이 대신 키워주신 내 아들 신상진

내가 보문동 성도의원 개원 당시 내과환자를 종일 진료하다 집에 들어가곤 하니까 우리아이들은 늘 병에 걸리기 십상이었다. 내가 환자들을 진료하며 애들한테 왔다 갔다 하니까 면역력이 약한 아이들을 각종 병균에 노출시킨 채로 살게 한 것 같아 마음이 아팠다.

6살 상진이가 웅변대회에 나가서 '나는 울지 않으련다'로 대상을 수상했다

돌잔치도 병원에서 한 아들 상진이가 지금까지도 몸이 약한 것이 모두 나 때문인 것 같아 미안하고 가슴이 아프다. 내가 환자들에게만 집중하고 가족들한테 소홀하지 않았나 싶다. 그 상진이가 어릴 때 유치원을 다니는데 어느 날 열이 났다. 하루만 쉬어라. 오늘은 유치원에 가지 말라고 하니 "아니야, 나 유치원 가야돼." 하며 열이 39도인데 링거를 맞고 유치원에 갔다. 유치원에 안 간다고 누가 뭐라고 하는 것도 아닌데 집중력도 뛰어났고 공부도 잘했다.

영등포 병원에서 살 때 상진이를 새벽 5시에 태릉 스케이트장으로 기사에게 안겨 보내곤 했다. 스케이트 시합이 있는 날, 저녁에 시간을 내어 찾아갔다. 우리 상진이가 어디 있나 찾아도 안 보이더니 저 멀리 구석에서 혼자 토하고 있었다. 다른 애들은 엄마가 밥 먹이고, 아프면 약도 먹였지만 우리 애는 저 혼자 가서 아파도 그렇게 견디고 있는 걸 보니 정말 가슴이 미어졌다. 하지만 어찌할 도리가 없어 내색하지 않고 참았다. 그때마다 눈물로 기도하길 잊지 않았다.

'하나님, 제가 남편 뒷바라지 하고 시댁식구들 뒷바라지 하고 환자 진료하고 사회활동하고 교회 봉사활동 하느라 내 자식 내가 못 거두는 대신 하나님이 키워주세요.'라고 기도하며 눈물을 삼켰다.

어느 날 상진이가 웅변대회에 나갔는데 최고상을 탔다고 했다. 아니, 아직 말도 잘 못하는 여섯 살짜리가 어떻게 원고를 다 외우고 대상을 탔는지 놀라웠다. 그 당시에 육영수 여사가 돌아가셨다. 그래서 우리 상진이가 이런 내용의 웅변을 했다고 한다.

"왜 그 훌륭한 분이 총에 맞아 죽어야 해요? 국민들이 모두 울지

초등학교 1학년 상진이가
스케이트 타는 모습

만 나는 울지 않을래요." 그 어린 상진이가 '나는 울지 않으련다.'라는 제목으로 울면서 스피치를 해서 대상을 탔다고 했다.
　어릴 때부터 아이들 하나하나가 기대 이상으로 영특했다. 사 남매 모두 그렇게 열심히 생활하고 공부했고 기도하며 성장했다.

　나는 상진이를 혼내놓고 애가 없어져서 여기저기 찾아보면 소망교회 손은경 전도사한테서 전화가 오곤 했다. "권사님, 하나밖에 없는 아들, 왜 이렇게 혼을 내세요. 지금 여기서 기도하고 있어요. 엄마한테 혼났다고 기도해달라고 하더군요."

　상진이가 고3때 누나와 동생이 옆방에서 바이올린과 피아노 연습을 하느라 시끄러웠을 텐데 불평 한마디 없이 워크맨을 끼고 자기관리를 하며 공부하여 대학에 들어갔다. 상진이는 옆방에서 연주하는 누나와 동생의 영향을 받아 대학시절 클라리넷을 연주하며 오케스트라 활동을 했고 지금도 음악을 좋아한다.

　아들이 공부를 잘하니까 고3이 되었을 때 담임선생님이 서울의대에 보내자고 했다. 아버지가 서울의대 출신이니까 애도 당연히 갈 수 있을 거라고 했더니 큰딸 혜정이가 말했다.
　"엄마, 엄마는 예수 믿는 학교 간다고 이화여대 갔잖아. 애도 연세대 보내."
　"연세대? 그게 학교야?"
　내가 얼마나 교만했으면, 얼마나 믿음이 약했으면 하나님께 깨우침 받은 것은 다 어디로 가고 아들이 공부 잘한다고 연세대가 학교냐고 했다. 그 당시 심정으론 아버지도 서울대학 나왔고 나도 이대 나왔고 서울대학에서 석사, 박사 학위 받았고 딸도 하버드에 들어갔고 큰딸과 막내도 서울대학 갔으니까 영동고등학교 전교에서 1등 하는 내 아들을 연세대로 보낼 수는 없다는 생각이었다.

내가 주치의인 이천석 목사님이 아프다고 왕진을 오라고 해서 한얼산기도원으로 갔다. 주사를 놓아주고 나오면서 부탁을 드렸다.
"목사님, 기도 좀 해주세요."
"무슨 기도?"
"내일 우리아들 예비고사 시험 칩니다."
"어느 학교 보내게?"
"서울대 의과대학이요."
"서울대학? 왜 서울대학이야?"
"서울대학 보내야죠."
"자네는 믿는 학교 가겠다고 이대 갔다면서 걔는 왜 세브란스 못 보내?"
"아이고, 세브란스를 어떻게 보내요. 그러지 말고 기도해주세요!"

이천석 목사님이 하나님께 용서해달라고 하시면서 "이 교만한 이스라엘 백성 같은 사람아! 그 귀한 아들을 하나님 뜻대로 보내달라고 해야지. 왜 자기 마음대로 서울대학에 보낸다고 하느냐!"고 야단을 쳤다. 나는 목사님께 자신 있게 말했다.

"학교에서도 서울대학 1등으로 갈 수 있댔어요."

나는 괜히 목사님한테 기도 받으려고 했다고 후회했다. 서울대학 가면 안 될 이유가 있는지 속으로 의아해 하다가 생각한 것은 '참, 내가 돈 준비를 못해왔지. 다음에 오라고 하시면 헌금을 많이 준비해 와서 다시 기도 받아야지.' 하는 세상적인 생각을 하게 되었다.

다음날 아침, 우리 상진이 시험이니 기도해주겠다고 목사님들이 차례로 오실 때마다 이층에 있던 아들이 불려 내려왔다. 곽선희 목사님도 저녁에 오신다고 사모님께 전화 왔었다고 하자 아들이 이렇게 말했다.

"엄마, 왜 목사님을 집으로 불러? 목사님도 하나님도 바쁘시겠다. 아니, 곽선희 목사님은 교회에 가셔서 기도해야지 왜 우리 집까지 오시게 해? 엄마는 왜 그분들 오라고 했어?"

"아니야, 내가 오라고 한 게 아니고 목사님이 그냥 오신 거야."

"엄마가 어떻게 했기에 여기까지 오셔? 날 위한 기도가 아니라 엄마한테 잘 해주려고 기도해주시는 거잖아. 나 그런 기도 안 받아."

마지막으로 소망교회 전도사님이 와서 기도해주고 간 후 열두 시에 상진이가 열이 펄펄 끓어 40도까지 올라갔다. 그래도 나는 회개하지 못했다. 아들에게 링거를 놓아주며 안절부절 못했다.

"나 주사 안 맞아. 손 전도사님 불러줘."

"주사를 맞아야 내일 학교에 가지!"

"엄마 나 이러다가는 열이 점점 더 올라. 대한민국에서 유명한 목사, 전도사님 기도 좀 그만 의지해."

다음날 아들은 시험 전 예비소집일이어서 자리를 확인하러 가야한다고 했다.

아침에 일어나자마자 전화가 왔다. 누구냐고 했더니 김 아무개라며 우리 상진이하고 같은 반 친구라고 하며 상진이를 바꿔달라고 했다. 예감이 좀 안 좋았지만 상진이를 바꿔주었다. 상진이는 아파서 아침도 못 먹겠고 그냥 가야겠다고 했다. 아이를 보내놓고 기도를 했다.

시험 당일, 상진이 담임선생님에게 말했다.
"선생님. 상진이 열이 좀 있어서 걱정이네요. 아침에 상진이한테 김 아무개라는 애한테서 전화가 왔었어요."
"네? 그 애가요?"
담임선생은 의아해하는 것 같았다. 그때부터 불안하기 시작하여 집에 와서 금식기도를 하는데 나는 점점 더 불안해졌다.
담임선생님한테서 전화가 왔다.
"상진이가 오전시험은 거의 다 만점을 받을 것 같습니다. 오후에만 실수 안 하면 예상대로 우수한 성적이 나올 것 같습니다."
하지만 나는 여전히 불안해하며 기도하고 있었다.

밤에 상진이가 올 시간이 지나도 들어오질 않았다. 밤늦게 상진이가 집에 오자마자 인사부터 했다. "시험 잘 보고 왔습니다."
"상진이가 여태 어딜 갔다 왔나?" 하고 기사한테 물으니 시험장에서 제일 늦게나와 교회로 가자고 해서 소망교회에 데려다 주었더니 들어가서 두 시간 있다가 나왔다고 했다. 그 말을 듣는 순간 가슴이 덜컥 내려앉았다. 상진이가 방에 들어가 하도 안 나와서 문을 열고 들어가 봤더니 울고 있었다.

'하나님, 용서해달라고 우리엄마의 교만을 용서해달라고……'
그렇게 기도하고 있었다.

그날 아침 전화했던 김 아무개란 아이 때문에 무슨 일이 생겼구나 하고 생각했다. 그러나 상진이에게는 아무 것도 묻지 않았다.

수요일에 문방구에서 시험문제를 가져와 문제를 맞춰보려는데 상진이가 영 내려오질 않았다. 제 누나가 올라가더니 그냥 내려왔다.
"엄마 상진이 문 잠갔어."
그 다음날 새벽에 담임선생님한테 전화를 했다.
"우리 아이 어떻게 됐어요?"
"상진이가 점수를 말 안하고 있습니다."

나중에 알고 보니 상진이와 김 아무개란 아이가 시험 하루 전날 자리를 확인하러 갔는데 대각선으로 서로의 자리가 있다는 걸 알았다고 한다. 상진이가 시험답안을 쓰고 마음만 먹으면 그 애에게 보여줄 수 있는 거리에 앉게 된 것이었다. 그래서 상진이가 답안지를 보여줬고 감독관이 이것을 보고 이름을 적어갔는데 다음 시간에도 또 보여주다 들켜서 감독선생이 퇴장시켰다고 했다.

그때 같은 반에서 온 다섯 명의 아이들이 감독선생에게 얘는 우리학교에서 1등 하는 친군데 그 아이 퇴장시키면 안 된다고 용서

해달라고 사정했단다.

  그런 황당하고 어이없는 얘기를 집에 와서 어떻게 전할 수 있겠는가. 나는 상진이가 서울의대에 수석 입학해 신문, 방송에 나오는 그런 꿈만 꿨는데 그건 하나님의 방법이 아닌 것이었다.

  가슴을 치며 괴로워하다가 학교에 가서 담임선생을 만났다. 김 아무개란 아이는 가정형편이 몹시 어렵고 신문배달하면서 학교에 다녔는데 상진이가 도시락을 싸다가 그 애를 주고 학교에서 장학금 받으면 대신 등록금 내주며 돌보아 왔던 걸 알게 되었다.

  상진이를 앉혀놓고 물었다.
"너 이제 어떡할래?"
"엄마, 나는 재수를 할 수도 있고 한양대학이든 경희대든 가면

은석초등학교 회장단
(뒷줄 좌측에 세 번째가 김우중 회장의 장남 오른쪽에서 세 번째가 상진)

되지 뭐 어때. 엄마의 그 서울대, 엘리트 병을 깨뜨리기 위한 하나 님의 뜻이야. 나는 그 아이를 대학에 들어가게 하는 게 목표였어."

네가 예수님도 아니고 왜 그렇게 했느냐고 물었더니 "엄마, 이번 기회에 엄마가 회개하면 나 이렇게 희생한 거는 아무것도 아니야. 예수님은 우릴 위해서 십자가에 돌아가셨잖아. 엄마가 만일 이 일을 여기저기 알리고 문제 삼으면 그 아이는 매장될 거야. 그러면 그 아이는 결국 어디 전문학교로 가야겠지. 나는 재수해서 다시 시작하면 되지만."

내가 어려움 없이 넉넉하게 살게 되고 애들도 공부 잘하니 나도 모르게 교만해져서 하나님이 나를 깨우치신 것이었다. 시의원, 의사회장도 되고 남편은 세계라이온스 국제이사도 되고 남부러울 것이 없었다. 프로판 가스 폭발사고를 당했을 때도 내 잘못을 회개했고 길가다 쓰러져 입원했을 때도 기도하며 살아났고 하나님은 나만 편애하시는 것 같았다. 의학박사이며 잘 나가는 남편의 종합병원 후계자인 우리 아들이 전교 1등을 하니 내 욕심은 점점 더 커졌다.

"엄마, 나는 괜찮아. 근데 만일 엄마가 잘못해서 그 아이가 낙오되면 나 이 집을 나갈 거야. 엄마는 여태까지 우리에게 성경 읽으라고 하고 새벽기도 착실히 가고 신앙생활을 열심히 하도록 시켰으면서 어떻게 이런 일을 이해 못 해?"

엄마는 원하는 것을 하나님이 다 들어주니까 신앙적으로 나태

아들 상진이의
박사 학위 수여식 날
상진의 매무새를 고쳐
주는 나

해져서 하나님이 나를 통해 엄마를 회개시키는 거라며 눈물을 흘렸다.

상진이가 논술시험을 보러 갔는데 시험 도중 쓰러졌다. 너무 먹지를 않고 공부만 하다가 결국 기흉을 앓았기 때문이다. 시험을 보다가 숨을 못 쉬어 입원을 했다. 그리고 학교에 가서 자기는 어차피 재수할 거라며 전교 1등자리를 2등한테 양보했다. 부디 선생님만 아시고 그 애를 1등 하게 해서 서울대학 들어가게 해달라고 했다. 걔하고 항상 전교 1, 2등을 다퉜는데 상진이가 포기하니까 그 애가 서울의대 들어갔다. 그 후에 그 아이가 가끔 텔레비전에 나오면 내 마음이 복잡해지곤 했다.

결국 상진이는 연세대학에 들어갔다. 대학에 가서도 성적이 우수하여 미국에 갈 기회가 있어도 선배들한테 양보하고 교수자리가 났는데도 양보하니 내가 보기엔 안타까울 뿐이었다. '아, 이것

우리 부부와
상진이네 가족

은 하나님의 뜻이구나!' 하는 깨달음을 아들을 통해 얻게 되었다.

바쁘게 지내는 아들 소식이 늘 궁금했는데 우연히 인터넷 기사를 보니까 상진이가 미국관절경학회지에 게재된 '회전근개 부분 파열의 두 가지 수술 방법에 대한 전향적 임상 결과 비교'라는 논문으로 대한견주관절학회 학술상을 수상했다고 한다. 대한견주관절학회 학술상은 학회원 가운데 1년간 외국 SCI에 게재한 논문 중 가장 우수한 논문을 발표한 회원에게 주는 상이다.

또한 제주도에서 열린 세계적인 정형외과학회에서 상진이가

'어깨의 오십견'에 대한 발표를 했으며 세계견주관절학술대회 중 최초로 어깨 내시경 관절경 수술과 어깨 습관성 탈구에 대해 최신 의료기기를 이용한 수술을 시연, 큰 호평을 받았다고 한다.

그리고 작년에는 전국 33개 대학병원에서 추천하는, 설명 잘하는 의사들 중 한 명으로 상진이가 선정되었다고 한다. 자비를 들여 어깨 질환과 관련된 운동법을 설명한 책자를 만들어 나눠준다는 것과 환자를 기억하려 작은 일도 일일이 메모해두고 다시 본다는 인터뷰 기사를 보니 과연 상진이답다고 생각했다. 환자에게 최상의 진료를 제공하기 위해 의술은 물론 인술도 펼치고 있는 의사라고 소개되어 가슴이 뿌듯했다.

늘 안타까운 마음 뿐, 나도 바쁘니까 상진이에게 아무것도 해주지 못했는데 하나님이 이렇게 밀어주시는구나하는 생각이 들었

아들 상진이네 가족

다. 가족들이 못하더라도 하나님이 상진이를 키워주시고 밀어주시니 감사하고 감사한 마음이다.

상진이는 활발하게 활동하고 있고 며느리는 기대했던 이상으로 가족을 위해 새벽기도를 하며 신앙생활을 열심히 하고 있어 대견하다. 아들 내외와 손주들이 하나님 안에서 행복할 수 있도록 늘 기도하고 있다.

아들은 내가 현재 살고 있는 집에 오면 마음이 괴롭다고 한다. 시니어하우스에서 불편하게 지내는 것 같아 안쓰러워하는 것 같다. 난 별로 불편한 게 없고 딸아이가 같이 수영도 하고 여행도 하자고 하지만 아직도 그럴 시간이 나지 않는다.

시의원 시절 서울시 예산 100억을 들여 노인을 위한 위락시설을 만들자고 했는데 받아들여지지 않다가 마감 10분 전 마지막 순간에 어떤 의사선생이 건의를 하여 예산 90억을 주어 장충동에 시니어타워 제1호를 만들었고, 2호로 만든 것은 지금 내가 거주하는 강서 시니어타워이다. 이렇게 편리하고 아름답게 만들어져 내가 이용하게 될 줄은 그때는 몰랐다. 그때 그것을 추진하지 않았더라면 기하급수적으로 늘어가는 노인들이 다 어디로 갔을까. 이러한 곳에서 살게 하심을 하나님께 감사드린다.

"네가 하나님의 오묘함을 어찌 능히 측량하며 전능자를 어찌 능히 완전히 알겠느냐(욥기 11장 7절)."

막내 딸 희수의 바이올린

막내딸 희수가 은석초등학교 1학년 때 '나는 의사가 싫어요'라는 제목으로 글을 써서 전국 어린이글짓기대회에서 대상을 탔다.

초등학교에 갓 입학한 아이들은 엄마가 준비해 줄 것이 많은데 내가 바쁘니 대신 기사나 이모가 따라가곤 했다. 희수는 막내지만 워낙 침

고전무용으로 대상을 탄 6살 희정이

착하고, 대견스러울 정도로 모든 것을 자신이 알아서 했다. 그래도 아직 어린 희수가, 바쁜 의사 엄마를 원망스러워했던 날도 있었을 것이다.

어느 날인가 기사는 예비군 훈련을 가고 이모는 여행을 가서 희수가 준비물이 필요해 엄마를 찾아 현대의원에 왔다. 환자가 엄청나게 많아 희수도 대기실에서 순번을 기다렸다가 차례가 되어 원장실에 들어왔다. 깜짝 놀란 나는 "집에서 공부나 하지 왜 왔니?" 하고 이유도 묻지도 않고 희수를 내보내고 다음 환자를 보았다. 희수는 엄마를 한번 불러보지도 못하고 쏟아지는 눈물을 참으며 1층 문방구에 가서 겨우 준비물을 사고 간호사 언니한테 돈을 지

불해 달라고 전화를 했다. 집으로 오면서 희수는 이렇게 생각했다고 글을 썼다.

…… 우리 엄마는 왜 의사일까? 왜 병원에서 환자만 보고, 시간이 나면 교회 가시고 예배 드리시고 기도만 하실까? 우리 엄마는 늘 이렇게 바쁜데 다른 아이들 엄마는 어떤 분일까? 아무튼 나는 의사가 싫다……

이어지는 희수의 글 내용은 대략 아래와 같다.

큰언니는 피아노만 치고 작은 언니는 영국으로 가버리고 오빠는 스케이트 타러 나가고 나도 언니처럼 피아노 대회에 나가려고 피아노를 열심히 쳤는데 대회가 있는 날, 열이 39도까지 올라갔다. 그래서 좋은 성적을 내지 못하자 엄마가 피아노 한 대로 두 사람이 칠 수 없으니 너는 바이올린을 하라고 했다. 그래서 2학년 때부터 바이올린을 시작했는데 바이올린은 꼭 반주자가 있어야 하니 엄마가 돈을 많이 벌어야 하고 환자를 많이 보느라 우리와 멀어질 수밖에 없다.

희수의 글짓기대회 대상 수상

희수가 바이올린을 전공했는데 남

월음콩쿠르 특상자 초청 신희수 바이올린 협연기념 연주회

들처럼 뒷바라지를 못 해주었다. 대학입시를 앞두고 바이올린에서 잡음이 나 현악사에 수리하러 갔더니 입시 한 달 전엔 와야지 입시를 일주일 앞두고 와서 악기를 고치면 안 된다고 했다. 희수는 집에서 내가 바이올린 고쳐 오기만을 기다리고 있는 걸 생각하니 애가 탔다.

생각다 못해 곽선희 목사님 댁으로 찾아갔다. 너무 늦은 시각이라 새벽기도 가시는 목사님을 기다리느라 계단에 앉아 기도하고 있다가 잠이 들었는데 누군가 날 깨웠다. 곽선희 목사님의 아들이며 현재 분당 예수소망교회 담임목사인 곽요셉 목사였다. 사연을 말했더니 나를 데리고 목사님 댁으로 들어갔다. 곽선희 목사님이 나오셔서 무슨 일이냐고 하셨다.

내가 환자와 교회에 정신을 쏟느라 희수 뒷바라지를 못한 것과 입시 일주일 전, 악기를 손 볼 수 없는 상황이 된 것을 말씀 드렸

막내 희수 미국유학 기념

다. 목사님께서는 희수를 위해 기도해주시고 난 그길로 희수에게 돌아왔다. 희수는 바이올린을 고쳤느냐고 물었고 난 고쳤다고 말했다.

그런데 그 시간부터 바이올린에서 잡음이 나지 않았고 그 바이올린으로 희수가 서울 음대에 들어갔다. 우리 희수는 학교 선생님이 해다 준 부적도 버리고 아침, 저녁으로 시편과 잠언을 읽으며 기도하고 입시를 치른 대견한 아이다. 나중에 희수가 하는 말이 "바이올린 실기 시험을 치르느라 연주하는데 입시 곡의 멜로디가 귓가에 들렸다."고 했다. 그래서 그 멜로디에 맞춰 무난히 연주를 마칠 수 있었다고 했다. 희수도 기도의 힘을 경험하고 있었던 것이다. 사남매가 모두 어릴 때부터 신앙 안에서 자라났다.

막내딸 희수네 가족

손자 광재, 유치원 때 크리스마스 행사에서 맨 앞에서 댄스

사랑스러운 손주들 광재와 인서

서울음대를 졸업하고 미국에서 맨해튼 음대를 졸업한 희수가 2007년도에 귀국하여 집으로 왔는데 매일 아침 말없이 어디론가 나가는 것이었다. 기사한테 물어보니 매일 아침 종로 5가 어느 건물 앞에 내려줬다고 했다. 알고 보니 금강제일기획에 공채시험을 치르는 중이었던 것이다. 서울 시향에 오디션을 보기로 한 희수가 왜 거길 들어가려 하는지 의아해 하던 나는 극구 반대했다. 일상에 쫓기던 나는 고려대 언론대학원을 마친 희수가 원하는 게 오디오피디인 줄은 몰랐기 때문이다. 금강제일기획에서 단 2명을 뽑는데 500명이 몰려들었다고 했다. 남녀 한 명씩만 뽑았는데 우리 희수가 합격이 되었다.

　내가 애쓰지 않아도 희수는 어려서부터 자기 일을 스스로 알아서 해내곤 했다. 그런 모습이 늘 대견하면서도 안쓰러웠다. 언제나 기도하며 최선을 다하는 희수와 희수의 가족에게 하나님의 축복이 가득할 것을 믿는다.

　"우리가 알거니와 하나님을 사랑하는 자 곧 그의 부르심을 입은 자들에게는 모든 것이 협력하여 선을 이루느니라(로마서 8장 28절)."

죄인에게 넘치는 은혜

언젠가 외제차를 샀는데 그날은 하얏트 호텔 피트니스센터에서 운동을 하고 차를 운전하고 오는 도중 장충동에서 문제가 생겼다. 내리막길을 지나는 데 차가 날아가다시피 저절로 내달렸다. 급발진이었다. 새로 산 외제차였는데 브레이크를 밟아도 말을 듣지 않았다. 남산에서 장충동 네거리까지 사정없이 아래로 마구 내달리니까 나는 이러다 죽을 것 같았다. "하나님, 저 이대로 가는 겁니까!"

어디로 가야 할지 몰라 정신이 없었다. 인도 쪽으로 가면 사람이 다치겠고, 지하철 공사 하느라고 펜스를 쳐놓은 게 보였다. 펜스 쪽으로 방향을 틀었다. 펜스를 들이받고 택시도 하나 들이받고 자가용도 하나, 버스까지 들이받아 내 차가 완파되었다. 의식을 잃었다가 눈을 떠보니 병원이었다. 아들이 세브란스 정형외과에 있으니까 거기로 입원시킨 것이었다.

"엄마, 일하지 말지. 어쩌다 이랬어……."

내가 일만 하는 게 아니라 요즘 사우나도 하고 골프도 좀 치고 운동하러 다닌다고 했더니 아들이 안타까워했다.

"엄마, 앞으로 운동할 시간에 가난한 사람 도와주고 무료진료 다녀. 엄마가 수영하고 테니스, 골프 치러 다니는 거 안 어울려. 그런 건 주님 뜻이 아니야."

외제차도 수영도 골프도 하나님이 허락하지 않으면 못하는 것이었다.

"엄마, 앞으로 절대 외제차 타지 마."

아들은 어릴 때부터 신앙심이 돈독했다. 나는 그때 알았다. 차가 박살이 난 가운데에 하나님이 날 살려주셨다. 순간순간 하나님이 나를 인도하시고 계시다는 걸 또다시 깨닫게 되었다.

"이는 하늘이 땅보다 높음 같이 내 길은 너희의 길보다 높으며 내 생각은 너희의 생각보다 높음이니라(이사야서 55장 9절)."

자랑스러운 나의 손주들

큰딸아이가 서울대학을 나오고 세계적인 피아니스트가 되었다. 미국에서 석사, 박사학위를 받은 것이다. 그 애 남편도 우리나라에서 손꼽히는 유명한 변호사이며 그 애의 아들인 내 외손자 사무엘은 하버드 대학에 특차로 들어갔다.

어느 날 사무엘에게서 전화가 왔다. 어디냐고 했더니 논산이라고 했다.

"아니, 네가 어떻게 한국에 왔어?"

영주권이 있으니 군대에 안 가도 되는 우리 사무엘이 자원입대한 것이다. 남편이 논산까지 그 애를 보러 갔다. 논산훈련소에 가서 우리 손자가 고등학교 때 어깨수술을 했다고 진단서를 제출하며 잘 부탁한다고 했다.

손주들과 함께하는 시간

"이거 당연히 5급 공익근무 자격이 되니까 후방으로 빠질 수 있습니다." 하고 처리해 주려고 하는데 사무엘이

"할아버지, 내가 여기 왜 왔는데요. 나 괜찮아요. 내가 이때 아니면 언제 한국에서 훈련을 받아보겠어요?"

그 애의 친할아버지는 대법관, 외할아버지는 박사, 아빠는 변호사 엄마는 대학 교수였다. 미국에 가서도 자신이 한국인인 걸 잊지 않고 있었던 것이다.

사무엘이 어릴 때의 일이다. 미국 유치원에 입학시켰더니 앞쪽으로 가지 않고 자꾸 맨 뒤에 가서 장난감만 만지고 앉아 있었다.

"넌 왜 여기 있니? 앞으로 가서 영어선생님 말씀 듣고 애들하고 함께 공부해야지."라고 했더니 "싫어요. 난 한국 사람이니까 한국 가야 되는데 여기서 뭘 배우면 무슨 소용이 있어요. 쟤들이 한국말 배우면 몰라도."라고 잘라 말했다. 어릴 때부터 사무엘이 주관이 뚜렷했다. 그 애 부모의 교육 때문에 그랬으리라.

사무엘이 군대에서 2년 동안 별 탈 없이 지냈지만 전역할 때까지 내가 얼마나 마음이 아파 울었는지 모른다. 내가 너무 잘못했다. 내가 애들을 너무 신앙적으로 키워가지고 고지식하게, 힘들게

남편과 외손자 사무엘

살게 하다니. 그 녀석 부모한테도 너무 미안했다.

사무엘은 하버드대학을 3년 만에 졸업하고 26살의 나이로 2년 만에 경제학 박사과정을 마쳤다. 현재는 탄자니아에서 인구문제와 노동문제에 대한 연구를 진행하고 있는 그 아이는 나의 자랑이자 나의 희망이다.

사무엘의 동생이며 우리의 장손녀인 에스더는 초등학교 3학년 때 성경 신구약을 모두 애니메이션으로 그려 책 6권을 출간했고 미국에 가서는 5학년 때 영어로 동화책을 만들었다. 영특하게 성장하여 콜롬비아 대학에서 정치과학을 전공하고 IT계열의 전문가로 실리콘밸리에서 역량을 발휘하고 있다.

막내딸 희수의 아들 앤드류의 이야기를 덧붙이고 싶다. 그 애가 네 살 때 몸이 아파 방문했더니 "할머니 시대가 악해요. 어리석게 살지 말고 지혜롭게 살아요."라고 말해서 깜짝 놀랐다. 성경말씀 에베소 5장 16절~17절 말씀을 이야기하며 할머니는 나이가 많으니까 어리석은 자 되지 말라고 했던 말이 잊히지 않는다. 앤드류가 벌써 자라서 SSAT 시험 준비를 하고 있다.

미국 보스톤 유명 사립대학에 재학중인 친손자 요셉은 아버지 신상진 교수가 교환교수로 미국으로 갈 때 아빠를 따라 떠나가면서 불과 6살의 나이에 소망교회에 가서 유년주일학교 예배시간에 300명 앞에서 대표기도를 할 만큼 어릴 때부터 신앙심이 돈독하고 영특했다.

가족 모두가 주님 안에서 기도하며 각자 하는 일에 두각을 나타내며 세계 경제와 노동, 인구, 의료문제를 해결하고자 노력하고 있다. 이 모든 것이 하나님의 은혜가 아닐 수 없다.

사랑하는 가족, 모두의 행복을 기도하며

믿음을 주는 환자 중심의 병원을 만들고 싶은 희망으로 '지성웰빙의원'을 운영하였고 영등포 주민들의 건강전도사를 자처하며 열심히 살아온 나에게 가족이란 에너지의 근원이다. 가장 가까이에서 항상 힘이 되어주는 남편 신요철 박사(라이온스클럽 국제이사, 외과전문의)와 믿음직스럽고 훌륭하게 성장한 4남매에게 깊은 애정을 느낀다.

장남 신상진은 연세대 세브란스의대 석, 박사 학위를 취득한 정형외과 전문의로 현재 목동이대병원 진료협력센터장을 역임하고 지금은 대학원 연구담당 부원장으로 일하고 있다.

장녀 신혜정은 서울대 음대를 졸업하고 미국에서 피아노 연주 및 문헌으로 박사학위를 취득한 피아니스트이며 한국예술종합학교를 출강했고 세계선교사의 비전을 갖고 신학대학원에서 공부하고 있다.

둘째딸 신희정은 1977년 국가대표 세계주니어 피겨스케이트 선수였고 영국 유학을 거쳐 미국의 Andover Phillips 고등학교, 하버드대 경영대학에 이어 콜롬비아 법대를 졸업하고 J.P. Morgan의 Vice President를 역임했다. 지금은 뉴욕 지역의 선교와 개척교회를 돕고 있다.

막내딸은 서울 음대에서 바이올린을 전공했으며 현재 Audio PD 이사직으로 근무하고 있다.

우리부부 결혼기념일에

　첫째사위는 법무법인 태평양 파트너 변호사로 근무하고 있으며 둘째사위는 세계경제 15인 중 랭킹 10위에 오른 Morgan Stanly의 컨설턴트와 매니저 디렉터로 미국경제를 이끌어가는 주역이다. 또한 막내 사위는 칸 광고제 심사위원이자 한화그룹 상무이사를 역임하고 지금은 대학교수로 재직 중이다.

　사남매와 사위들과 며느리 모두 부모 못지않게 세계를 무대삼아 열심히 일하며 믿음과 기도 생활로 행복한 가정을 꾸리고 있다.

네 자매가 90세 친정어머니를 모시고 일본여행 후 공항에서(나는 오른쪽에서 두 번째)

어머니의 미수연을 마치고

논현동 집에서 어머니 생신날, 사촌언니 문희자 교수와 친정식구들(나는 왼쪽 뒤에)

남편의 고희연에 온 가족이 모여

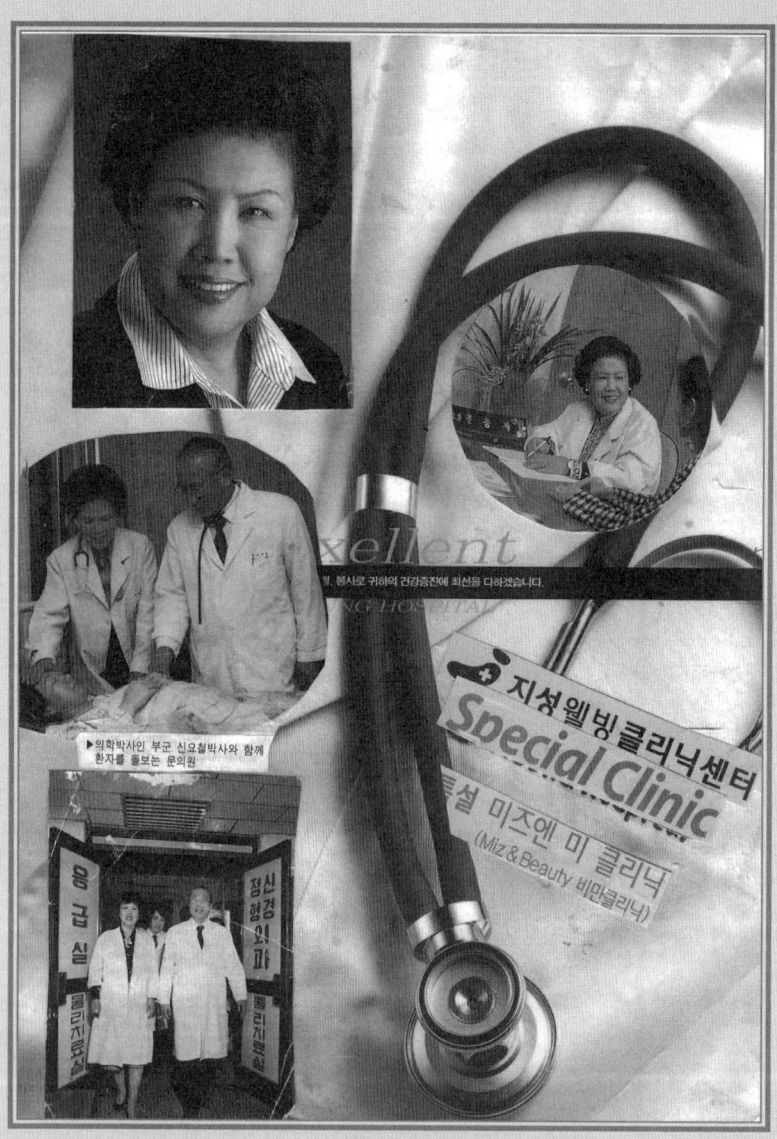

지성웰빙병원 리모델링 기념

대한의협 창립기념회(나는 오른쪽 끝에)

이대 의대 동기동창 친구들(한가운데가 나)

이화여대 여성지도자 고위과정(ALPS) 수료(나는 왼쪽에)

로마 바티칸에서 신부님과

스페인 바로셀로나
성당 앞에서 남편과 함께

로마 바티칸 방문,
주기도문 앞에서

성공이라는 게 돈으로만 되는 것도 아니고 노력이나 정성만으로
되는 것도 아니고 오로지 하나님 앞에 간구하는 정성어린 기도와 하나님께
감사할 줄 아는 마음이 중요한 것이다. 우리가 무슨 일을 당해도 기도하면
그 순간순간마다 옛날에 모세가 홍해를 건너듯이 길을 열어 주셨다.
그때부터 나는 남북통일도 할 수 있다는 용기를 갖기 시작했다.

다섯 번째 이야기

박에스더상을 수상하다

시의원 출마의 배경

나는 시의원을 하고 싶은 생각이 전혀 없었다. 내가 시의원 후보로 강남을 이끌어갈 훌륭한 여성 지도자를 추천했었는데 그분이 인지도가 높고 그의 남편도 우리 강남구에 영향력이 있는 분이었다. 그래서 그분에게 반드시 나가달라고, 밀어주겠다고 했는데 결국 선거를 앞두고 지지도가 너무 낮아 자신은 못 하겠노라고 포기해 버렸다. 내가 그를 추천한 책임이 있으니 미안한 마음이 컸다. 그분이 못 나가면 우리 강남구에는 후보가 없었다. 시의원 후보로 출마하려면 3개월 전에 현직에 사표를 내야 하기 때문이다. 관계자 분들이 다들 모여 나에게 이렇게 말했다.

"당신이 그 사람을 추천해서 이렇게 됐으니 책임져야지. 당신이 나가시오."

나는 너무나 황당했다. 민정당에서 책임지고 선거를 도와준다고 했다. 그런 것을 전략공천이라고 한다는 것도 나중에 알았다. 나는 너무 갑작스러워, 이 일을 어쩌나 싶어 교회로 달려가 늦게까지 기도했다. 그 당시 나는 날이 새면 병원으로 가서 종일 환자 보고 저녁에 퇴근하여 집으로 돌아오면 남편 뒷바라지하고 아이들을 돌보고 밤늦게 잠시 눈을 붙이고는 새벽기도 후 병원으로 가야 해서 잠시도 시간을 낼 수 없었고 다른 생각을 할 여유가 없었다.

그때 이미 다른 후보들은 전부 다 사무실을 얻어 현수막을 걸고 명함을 돌리고 선거운동을 하고 있었다. 나는 인터뷰 요청이 굉장히 많았는데 전부 거절하고 숨어 다녔다. 주변에서 나에게 정치를 하라거나 장관을 하라고 말하곤 했는데 사실 내가 정치를 하려면 진작부터 정치외교라든가 법률 아니면 사회복지를 공부하든지 했어야 했다. 이제와 의사인 나에게 무슨 소리들을 하나 싶었다.

나는 사람들 앞에서 연설을 해본 적도 없고 후원해 줄 어떤 조직이 있었던 것도 아니었다. 급하게 준비를 할 수밖에 없었다. 힘 있는 사람에게 가서 부탁을 한 적도 없었다. 그저 아무 목적 없이 압구정동 허허벌판에 학교도 없을 때 집 없는 아이들이 천막 쳐 놓고 공부하는 곳에 가서 진료해 주고, 그 동네 사람들이 아파 누워 있으면 병원이 없으니까 왕진도 가고 그 동네 왕진하러 갔다가 치료하고 나서 쌀 팔아주고 치료비는 도로 돌려주곤 했다. 말죽거리, 수서, 일원동 그 당시 그쪽 지역은 천막촌이었다.

나도 6·25 전쟁 직후에 저렇게 힘들고 어렵게 살았는데 하며 옛날 생각도 나고 하루 벌어 하루 먹는 그들의 생활이 애처롭기만 했다. 너무나 안타까운 마음에 저 사람들을 어떻게 도와줄까 하는 생각으로 가득했다. 나라는 사람으로 인해 누군가 조금 더 편안해 지고 기뻐한다면 내 몸은 지치고 피곤해도 행복할 수 있었다.

교회에 갔더니 곽 목사님이 미국에 가고 안 계셨다. 한 달 후에 선거인데 다른 후보들은 벌써 선거운동을 하고 있는데 나는 이대로는 안 된다고 생각했다. 목사님 허락 안 받으면 절대 못한다. 목사님은 미국에서 언제 오시느냐고 했더니 일주일 이상 걸린다고 했다. 기다리는 동안 너무나 애가 탔다.

전 보사부장관이며 국회의원이신 서상목 의원님과 함께 목사님께 갔다. 나는 사람들이 "당신은 아파서 오래 입원했다가 퇴원한 지도 얼마 안 됐는데, 거기다 의사가 병원을 버려두고 남편과 자식 뒷바라지도 바쁠 텐데 무슨 정치냐?" 이렇게 말할 줄 알았다.

그런데 목사님 말씀이 문용자 박사는 시의원에 적격이고 국회의원 나가도 되겠지만 국회의원보다 먼저 시의원을 해야 한다고 하셨다. 절대 시의원 나가면 안 된다고 하실 줄 알았던 목사님이 "아이고, 할렐루야!" 하시니 당황스러웠다.

"제가 지금 시의원을 어떻게 나가요?"

"나가세요! 나가서 하나님이 시키는 일이면 아무것도 없어도 될 것이고 안 그러면 계속 준비한다고 되나? 나가요. 기도해 줄게!"라고 하시며 진심으로 하나님의 사람이 크게 될 수 있도록 도와달라고 기도해 주셨다.

그때 나는 돈이 있나 조직이 있나 비서가 있나 너무 열악한 상황이었다. 그때 후보로 나온 사람들은 모두 선거 경험이 있는 사람들이었다. 국회의원 출마했던 사람, 현재 시의원 하는 사람, 현재 구의원 하는 사람들이었다. 남자가 넷이고 여자는 나 하나였다.

'나는 겨우 동네의사인데…… 말도 안 돼. 내가 뭐 사람들 앞에서 말을 해봤나. 환자만 봤지.' 여러 후보가 차례로 연설을 하는데 투표를 해서 순서를 정했다. 나는 말을 못 하니까 속으로 '아이고, 내가 제일 뒤에 하면 안 될 텐데. 제일 앞에 하든지. 안 그러면 변호사보다 앞 번호를 받게 해달라.'고 기도했다. 내 앞에 말 잘하는 사람이 나오면 비교가 되어서 안 될 것 같았다. 그런데 재미있는 건 연설 순서를 뽑을 때 내 앞에 말 잘 못 하는 사람이 나오거나 아니면 내 뒤에 변호사가 나왔다. 기도한 대로 신기하게 번호조차

원하는 대로 뽑혔다.

 소망교회에서는 후보자 5명이 모두 관련되어 있어 나만 특별대우 할 수 없다고 지지를 거절했다. 마침 내가 회장으로 있는 에스더 선교회(경북여고 27회 동기 30명 기도모임) 회원 중 순복음교회 권사인 친구 허승윤에게서 전화가 왔다. "네가 서울시의원 공천을 받았다니 내가 우리교회 조용기 목사님을 신라호텔에 모시고 식사하면서 네 안수기도를 특별히 부탁했다."고 말했다. 얼마나 고마운지 단숨에 신라호텔로 달려갔다. 조용기 목사님께서 간절하게 기도해 주시더니 "당선될 거야!" 하셨다.

 어떤 장로님이 병원으로 전화를 해주셨다. "오늘 저녁예배 후 70명의 장로모임이 있는데 모두 강남 선거구 지역분들이니 와서 인사를 하세요. 김선도 목사님의 기도를 받고, 합심하여 당선을 기도해줄 테니 꼭 오세요."라고 하셨다. 단숨에 광림교회로 달려가 장로님들께 인사드리고 합심하여 통성기도를 하고 목사님의 안수기도를 받았다. 결과는 5명 중 1등이고 득표 차이도 1,000표였으며 서울에서 선출직 여성시의원은 나 한 사람이었다. 전국에서 유일한 여성 선출직 시의원으로 당선되어 각 언론사, 방송사 인터뷰 요청이 쇄도했다. 내 힘이 아니고 전능자 하나님의 은혜로 당선됐기 때문에 응하지 않았다.

 11명으로 시작했던 소망교회 교인이 80,000명이 되었다. 목사님들 모두 건강하게 전 세계를 다니며 말씀 전하고 계신다. 그때의 은혜를 생각하면 하루가 새롭고 1분, 1초도 새롭다. 진심으로 하나님께 찬양과 기도와 quiet time(경건의 시간)으로 보내고 있다.

시의원 후보 시절, 선거 운동

시의원 후보 시절 선거 유세 마지막날이었다. 압구정동이라는 데가 주택가라 아침에는 출근하느라 다들 나가버리고 낮에는 집에 아무도 없고 저녁엔 집에 들어가기 바빠 거리에서 사람들을 모을 수 없었다. 그 동네 한복판에서 "압구정 강남시민 여러분!" 하고 연설을 하려니까 도저히 배짱이 없어서 못 할 것 같았다. 보좌관들이 내일이 선거일인데 어떻게 할 거냐고 물었다. 목사님이 기도해 주신다고는 했지만 나도 최선을 다해야 할 것 아닌가. 그래서 구정초등학교 운동장으로 가자고 했다. 거긴 내가 몇 년째 방문하여 학생들에게 신체검사를 해준 학교였다.

그때가 6월 초 어느 캄캄한 밤 8시쯤이었다. 하나님께 간절히 기도하고 나서 사람들이 몇 명이 모여들자 봉고차 안에서 최선을 다해 확성기에 대고 열심히 연설을 했다. 시간이 다 되어 끝내는 순간 갑자기 큰 박수소리가 났다. 옆에 있던 윤 보좌관이 무슨 소린가 하고 나가보더니 많은 주민들이 애들 데리고 운동장으로 나와 산책하는 중이라고 했다. 봉고차 안에서는 밖이 어두워 잘 안 보였는데 나와서 둘러보니 운동장 안에 사람들이 빼곡했다. 그 사람들이 다가와 현대의원 원장님이 시의원에 나오시는 줄 몰랐다고 하며 반가워했다. 그들이 지인에게 전화를 해서 선거운동을 도와주었다.

집에 돌아오니 우리집으로 전화를 해주는 분들도 있었다. 나는 평소에 아이들을 무척 사랑했고 어려운 사람들을 도와주고 싶어서 찾아다니며 진료를 해주었는데 그분들이 나를 그렇게 지지해 줄 거라고는 생각하지 못했다.

그러니까 성공이라는 게 돈으로만 되는 것도 아니고 노력이나 정성만으로 되는 것도 아니고 오로지 하나님 앞에 간구하는 정성 어린 기도와 하나님께 감사할 줄 아는 마음이 중요한 것이다. 우리가 무슨 일을 당해도 기도하면 그 순간순간마다 옛날에 모세가 홍해를 건너듯이 길을 열어주셨다. 그때부터 나는 모두가 불가능하다고 말하는 남북통일도 할 수 있다는 용기를 조금씩 갖기 시작했다.

행사장에서 뽀빠이 이상용의 질문을 받는 나

서울시의원이 되어 강남구 지역발전에 혼신을 다하다

1995년 서울시의사회 섭외이사, 감사를 역임할 당시 강남 갑(2 지역)의 여성시의원 후보로 공천을 받아 서울시 제4대 시의원 선거에 출사표를 던졌다. 지역에서 활동한 전력이 있어서 전국 38명의 후보 중에 유일한 여성시의원으로 당선되었다.

시의원 선거에서 나는 치열한 한판 싸움을 벌였다. 판사 출신 변호사, 무소속 현직 시의원이며 구의원들과의 대결이었다. 결과는 월등한 표 차이로 차점자인 민주당의 후보를 물리쳤다. 무려 1천여 표를 리드했다. 의사로서의 전문성과 다양한 사회활동의 적극적이고 온화한 인품에 지역주민들이 신뢰를 보여준 것이다.

시의원 재직 시 서울시 예산 56억 원을 지원받아 88올림픽대

서상목 의원에게서 시의원 당선증을 받음

시의원 시절 집무실에서

로의 소음을 막기 위한 방음림, 성수대교에서 압구정으로 빠지는 입체대로 증설과 성남시 분당을 통과하는 구룡터널을 건설하여 편의를 도모했다. 또 서울시립병원 6개 지역을 최신의료설비로 구성토록 하여 운영의 활성화를 시켰다. 1,180m인 구룡터널은 1995년 5월에 착공하여 1998년 4월 30일에 준공되었고 403억이 들었으며 성수대교는 300억이 들었다.

보건복지위원회 간사로 활동하며 서울시 보건의료발전과 사회복지 향상을 위해 다양한 정책을 입안했다. 또한 여성정치 지도자를 적극 양성하고 여성의 정치 세력화를 위해 2000년 7월 (사)한국여성정치연맹(NWPC), 'WOMEN IN POLITICS' 세계대회(2002), 독일의 나우만재단 후원으로 캄보디아 프놈펜에서 개최된 여성정치지도자대회 등 세계 여성정치지도자들의 모임에 한국 토론자 대표로 참석했었다.

한나라당 중앙위원회 보건복지분과 위원장을 하며 국민건강보험 재정파탄 및 미약한 응급의료법 및 의약분업에 대한 대책을 마련하고 당의 정책 수립에 기여했다. 이와 더불어 한나라당 상임고문으로 재임하며 지난 제 17대 대통령선거에서 여성계와 의료계의 전국 조직을 이끌어 이명박 대통령 당선에 일조한 주역으로 평가받았다. 또한 18대 박근혜 대통령은 내가 시의원 때 내 고향 달성에서 첫 국회의원 출마를 하여 그로부터 15년간 함께 뜻을 받들어 나갔다. 한나라당이 위기에 처해 박근혜 당선인이 천막당사로 어려운 길을 걸을 때도 함께 한나라당 간판을 앞뒤에서 메고 함께 하였다.

시의원 재직 시 여소야대의 열악한 상황에도 보건복지위원회 간사, 운영위원회 간사로 보건의료발전과 사회복지 향상을 위한 정책을 입안했으며, 서울시립병원 6개를 오늘날의 현대화된 병원으로 이끌었다. 또한 한국여성정치연맹 서울시연맹을 창립, 25개 서울시 행정구역마다 여성 인재를 발굴, 수많은 여성정치지도자를 배출하고 이들의 활동을 지원하기도 했다.

현재 압구정동 현대백화점 뒤 야외 주차장을 여의도 공원처럼 공원화하려는 계획이 있었으나 강남 주민들에게 불편함을 초래할 듯하여 반대하였다. 조순시장이 건의하여 16억 서울시 예산으로 1996년 공원부지로 만들려고 하는 것을 만류하여 주차장으로 만들었다. 현재는 강남구청에서 인수받아 관리하고 있다. 주민들의 생활공간을 확보한 것이다.

공원이 될 뻔했던 현대백화점 뒤 주차장

1998년 가을, 사지가 골절된 16세 소녀가 영등포 지성병원으로 실려 왔다. 내용인즉 전남 순천 고아가 무면허 오토바이에 치여 중상을 입고 전주 예수병원, 전라남북도를 거쳐 5일 만에 남편이 운영하는 지성병원으로 실려 온 것이다. 의료보험도 주민등록도 없는 소녀였다. 3년간 전부 치료해주어 치료비가 약 사천만 원이 나왔으나 주민등록이 없어 시립병원에서도 받아주지 않았다. 남편이 동사무소에 가서 주민등록증과 장애자증을 만들어주어 살아갈 방책을 만들어주었다. 내가 보건복지부 상임위원으로서 지방자치단체에서 치료비를 지불하게 한 제도를 만들었기에 그 소녀는 살아나갈 수 있게 된 것이다. 힘든 일도 많았지만 여러 사람들이 희망을 갖고 살아나갈 수 있는 보람 있는 일을 한 것이다.

열악한 시립병원들의 시설 개선,
활발한 생활정치 실천

내가 서울 시의원이 되자마자 서울시 보건복지위원장이 되었다. 그 당시 시립병원은 6개가 있었다. 강남구에 강남병원이라고 있었는데 지금은 서울의료원으로 바뀌었다. 그때 강남은 수서, 일원동 빼놓고는 시설과 수준이 비슷하여 더 수준이 열악한 병원에 시찰을 다녔다.

삼성의료원과 영동세브란스, 강남성모병원은 수준이 비슷하지만 보통사람들이 그쪽으로 가기엔 너무 문턱이 높고 시립병원은 시설이 너무 열악해서 능력 있는 의사들이 시립병원엔 안 가려고 했다. 그 당시 20억을 주고 MRI 기계를 사놓으니 많은 사람들이 시립병원을 이용했는데 여러 방면에 수준이 미달되어 일단 건의를 해서 의사들 임금도 올려주고 또 이듬해 5명씩 미국에 연수도 보내고 운영이 어려운 정형외과, 산부인과를 보완시켜주는 역할을 했다.

보라매병원은 서울시위탁병원이었다. 시찰을 갔더니 노인환자들이 많았다. 노인병원을 만들어야겠다고 해서 간호사 숙소를 헐고 120개 병상의 노인병원을 만들었다. 6개월 후에 시찰을 가보니 노인은 별로 없고 거의 다 일반 내과환자들을 받고 있었다. 이유를 물으니 노인들은 시립 위탁병원이라고 해서 문턱이 높으니까 안 온다고 했다. 그래서 내가 경고를 내렸는데 지금은 어떻게 됐는지 모르겠다.

그 다음에 동대문구 용두동에 시립병원이 있었는데 거기야말로 마치 1993년 베트남 하노이 시립병원 수준과 상황이 비슷했다. 의사들도 별로 없고 병실도 텅텅 비어 있었다.

강남 시립병원은 서울의료원으로 수준 높게 발전했고 보라매 병원도 지금은 일류병원, 대학병원 못지않게 활성화되었고 서대문에 결핵병원이 있었는데 그 당시 혐오시설로 여겨졌다. 인근 주민들은 거기 가면 결핵 옮긴다고 해서 잘 안 가는 병원이었다. 그래서 너무나 극심한 적자를 보고 있었다. 시 예산을 받으려니 모두 거절하자, 200bed를 딱 잘라서 100bed는 결핵 환자를 받고 100bed는 일반 환자를 받으라고 시에서 예산을 받아주어 깨끗하게 리모델링을 했다. 적자를 면하려면 과감한 혁신이 필요하다. 그래서 100bed를 일반 환자를 받으니 운영이 잘되어 적자도 면하고 환자에 대한 대우도 좋아졌다.

조순 시장과 함께

은평구에 시립정신병원이 있었다. 거기에 가면 정신과만 있다고 생각하여 미친 사람들이 가는 병원이라고 소문이 났다. 아무리 아프고 힘들어도 주민들이 절대 이용하지 않고 다른 데로 가니까 병원이 텅텅 비어 적자가 심각했다. 200bed가 있는데 100bed도 안 차고 병실마다 비어

현 정권의 허와 실, 공청회에서 의견 발표

있었다. 그것도 딱 잘라서 100bed는 정신병동으로 하고 100bed는 일반병동으로 해서 시설을 보완하여 지금까지 잘 운영되고 있어 보람을 느낀다.

양천구에 서남병원이라고 하는 최고의 시설을 갖춘 병원을 만들었는데 이대목동병원에서 인수하여 더욱 발전시켰다. 이곳은 환자들이 입원하면 6개월 이상은 있지 못하고 퇴원을 시켜 내보내곤 했다.

서남병원은 이대목동병원에서 위탁경영하고 있다. 모든 시설이 잘 되어 있고 예산 부족으로 부족한 의료시설과 이비인후과 같은 과가 없어 예전엔 환자들이 다른 데로 갔지만 이제는 이대목동병원과 협진하여 잘 운영되고 있다.

그 당시는 6개월마다 시립병원에 시찰을 다녔다. 그런데 이렇게 시설과 수준이 너무 열악하여 마치 내가 1993년도에 월남에 갔을 때 보았던 병원들과 비슷했다. 다행히도 보건복지부하고 서울시에 건의해서 좋은 의사 분들도 많이 확보했고 일반 환자들이 그 병원을 이용할 수 있도록 만든 것에 대한 보람을 느끼고 있다.

강남시립병원의 응급센터 확장을 위해 당초 29억 원으로 책정되었던 예산을 50억 원으로 대폭 늘릴 것을 발의 통과시킴으로써 MRI 등 최신장비를 구입할 수 있도록 했다. 오늘날에는 서울의료원으로 이름이 바뀌고 최신시설로 운영되고 있다.

1998년 강남구의사회장에 우리 이대 선배들이 아무도 출마하지 않아 서울대, 연대, 고대 세 학교에서 치열하게 선거운동을 하고 있었다. 남편과 아들 상진이가 나에게 출마해보라고 했다. 나는 김연옥 선배를 찾아가 의논했다. 시의원도 하는데 용기를 갖고 출마하라고 용기를 주었다.

여자 의사회장 후보자는 오직 나 하나였고 3주 동안 670명의 개업의사를 방문해야했다. 선거운동을 시작하여 1주쯤 지나 서울대 후보자가 포기했다. 3파전 1차 투표에서 고대 후보가 탈락했고 2차 투표에서 17표로 내가 당선됐다. 가족의 힘과 우리 이화의대 선후배들의 저력이 힘이 되었다. 엄청난 하나님의 섭리가 또 한 번 나와 동행해 주셨다.

의사회관을 반드시 서초구에서 강남구로 옮기겠다고 했던 나의 선거공약을 회장 취임 2년 만에 지킬 수 있었다. 삼성동 37번지에 있는 강남구 의사회관 앞을 지날 때마다 감개무량하다.

강남에 정신보건진료센터 설립,
한강변에 아름다운 방음림을 만들다

1996년도에 일원동에 있는 서민아파트인 임대주택에는 하루 벌어 하루 사는 사람들이 많이 살고 있었는데 유독 그 지역에서 투신자살 사건이 많았다. 주로 젊은 아이들이어서 더욱 안타까웠다. 급히 왕진 가서 사망진단서를 끊은 적도 많았다. 그래서 그런 것에 대한 실태 조사를 했다.

조사한 결과에 의하면 서민들이 사는 지역과 가까운 곳에 호화

1996년 강남정신보건센터 개소식(앞쪽 검은색 옷을 입은 사람이 나)

로운 아파트와 백화점이 생기고 교육환경에서도 대치동에는 고가의 수강료를 받는 학원들이 있었는데 이쪽에는 아예 학원이 없었다. 한마디로 한 지역 안에서 빈부차이가 너무 심했다. 그래서 특히 젊은이들의 자살률이 높았던 것이다. 이것을 방지하는 차원에서 정신병원이 아닌 정신진료센터를 일원1동에 만들었다. 큰 병원에서 의사들이 오고 가가호호 상담사를 파견시켰다. 환자들이 와서 상담하고 우울증 약도 받을 수 있게 했다.

88도로 쪽으로 향한 압구정 현대, 청담 아파트에는 88도로 때문에 6시만 되면 소음이 너무 심하다는 걸 알게 되었다. 강남지역 시의원인 내가 지역 주민들을 위해 건의했다. 구의원과 합작해서 방음벽을 만들자고 했다. 방음벽이 서초까지는 되어 있었는데 강남은 국회의원이 자꾸 민주당으로 바뀌는 바람에 더 이상 진척되지 못하고 있었다.

압구정 현대아파트부터 청담동까지 방음벽을 만들자는 아이디어는 독일에서 얻었다. 내가 1980년, 동, 서독이 분단되었을 때 가보니 라인 강 쪽으로 차가 지나는데 베를린과 베른, 뮌헨 쪽을 보니까 숲이 정원처럼 만들어져 있었다. 그게 방음림이라고 했다. 어떻게 이렇게 만들었냐고 했더니 강변이 너무 삭막하니까 방음림를 심어놓으면 그 당시는 몰라도 10년, 20년이 지나면 아름다운 정원이 된다고 했던 것을 듣고, 확인하고 왔기 때문에 강력하게 건의하게 되었다.

우리지역인 한강변이 너무 삭막하니까 독일 라인 강변처럼 아름답게 방음림을 만들자 했더니 10명 중에 8명이 반대했다. 이미 플라스틱 같은 걸로 방음벽을 해놓았기 때문이었다.

"그건 독일이고, 라인강이기 때문에 가능한 것이지 우리 한강이 그렇게 된다는 보장이 없다."며 반대하는 의견을 꺾고 나무를 심었다. 그러자 의사를 시의원으로 뽑았으면 환자에게나 신경 쓸 것이지 방음림은 또 뭐냐 하는 걸 겨우 설득하여 56억을 예산을 확보하여 강남구청장과 함께 방음림을 수입해서 아름답게 심었다.

요즘 한강변을 지나다 보면 너무나 아름다운 방음림을 볼 수 있다. 나무를 심고 7, 8년 지나니까 마치 라인강 옆 수목원을 연상시키는 아름다운 정원이자 숲이 되었다. 그걸 볼 때마다 힘들더라도 끝까지 기도하면서 이루어놓은 것에 대한 보람과 자부심을 느낀다.

응급의학과 또한 내 작품이다. 내가 보건복지부 상임위원으로서 서울시 의회를 설득하고 당시 서상목 보건복지부 장관을 설득하여 국회에서 관련법을 통과시켰는데 덕분에 치료비 때문에 이 병원 저 병원으로 쫓겨다니다 길에서 사망하고 마는 행려병자들의 딱한 사연을 더 이상 듣지 않게 된 것이다. 그런 환자들을 치료하면 지방자치단체에서 치료비를 지불하는 제도를 만들었다.

조순 시장과 희정이와 함께

한마음 자원봉사 무료진료(왼쪽 끝 흰가운 입은 사람이 나)

민자당 서울지부 단체분과 위원회(나는 앞줄 왼쪽에서 네 번째)

국립의료원 동문회에서 축사

시의원시절
일본 동경도에 방문
(나는 오른쪽)

서울시연맹 창립총회,
회장 당선 축하를 받는 나(나는 오른쪽)

한나라당 정기 상임위원 이사회(나는 앞줄 가운데 흰옷 입은 사람)

2000년도 심사임당
선정 심사위원으로 활동
(나는 오른쪽에서 두 번째)

국립의료원 역대 원장들과 함께

403억 예산을 들여
1,180M 구룡터널을 만들다

　강남에 구룡터널이 없을 때는 압구정, 도곡동에서 가락시장으로 가거나 빙 둘러서 강동구로 해서 가락시장으로 넘어간 후 세곡동으로 가야 했다. 내곡동까지가 우리 구역이고 내가 의사회장이기 때문에 그쪽까지 시찰을 하거나 회원들 만나러가곤 했다. 그당시 내가 다녀보니까 강남구 일원동이나 대치동에 있는 사람들이 수지 쪽으로 가려면 빙 둘러서 한 시간 이상 걸리곤 했다.
　그래서 구룡산 밑에 터널을 만들 계획을 세워보자고 구청장한테 건의하고 서울시에 건의했다. 매봉터널이 있고 내곡터널도 있

구룡터널

지만 내곡동으로 가려면 세곡동으로 강동으로 해서 돌아가야 하니 우리는 여기에 터널을 만들면 좋겠다고 했다. 사람들이 나보고 좀 이상하다고 했다.

"아니, 환자나 치료하고 수술할 생각을 하지 무슨 산을 깎아? 예산이 얼만데!"

반대에 부딪혀도 철야기도하고 내 일처럼 생각하며 시 예산 반 우리강남 예산 반을 모아서 진행했다.

매봉터널 안에는 인도가 없다. 차 있는 사람만 그런 혜택을 누리면 안 된다고 생각했다. 서민도 이용할 수 있는 실용적인 터널이 만들어져야 한다는 생각이었다. 사람들이 걸어서도 통과할 수 있게 만들어야 한다고 주장했다. 터널을 완성해서 테이프를 커팅할 때는 우리집을 지은 것보다 내 개인병원을 세운 것보다 더 기뻐하며 감사 기도를 드렸다. 구룡터널은 1995년도에 기공하여 1998년도에 준공하였다. 준공 테이프 커팅 후 구의원, 시의원들과 보행하여 터널 안을 통과 했다.

화제가 된 나의 시정 질의

'서울시 행정조직 개편은 졸작'이라고 한 나의 비판이 한바탕 화제를 불러일으켰다. 졸작이라고 주장한 내용은 이러했다.

민방위국과 소방본부가 통합되어 효율적인 재해예방과 재해처리를 할 수 있도록 구조기구가 단일화되어야 하는데 민방위국을 민방위재난관리국으로 명칭만 바꿔 개편했다고 지적했다. 또 가정복지국과 보건사회국의 사회과가 통합되어 사회복지업무가 1개의 조직으로 일원화돼야 하는데 그대로 존치되어 업무협조 미비현상이 지속적임을 주장했다. 다음으로 시장비서실의 직급을 3급으로 상향하는 것은 국별 이기주의가 판을 치는 행정편의주의의 결과라고 지적했다.

이에 대해 당시 조순 시장은 민방위재난관리국 안에 재난관리과를 신설하고 가정복지국의 기능을 강화했으며 여성정책추진과 정책보좌기능을 위해 비서실 인력을 보강했고 조직개편 과정에 미비점이 있음을 간접적으로 시인하며 조직운영상의 문제점 발생은 즉각 시정하겠다는 답변을 얻어냈다.

서울시에는 96년 3월경에 78개 위원회가 운영되고 있고 이는 조순 시장 취임 전 95년 6월과 대비하면 취임 이후 19개 위원회가 늘어난 셈이고 8개월 동안 신설된 6개 위원회의 3배에 해당되었다.

이렇듯 위원회가 우후죽순으로 늘어나다 보니 일부 위원회는

수서 정신보건의료센터에서

기능 중복, 회의운영 책임회피 등 효용성 없는 위원회가 많았다. 이에 대한 개선대책을 최초로 제시해 상당한 관심을 끌게 된 것이다.

나는 시정 질의를 통해 연말연시에 모여 밥이나 먹는 쓸모없는 위원회들에 대한 정비를 강하게 요구했고 조순 시장은 정비작업을 통해 시정에 도움이 되는, 꼭 있어야 할 실질적인 위원회만 남기고 모두 정비하겠다고 답했다.

또 저소득 노인 위주의 서울시 노인복지정책을 대다수 재가노인을 위원복지, 즉 적극적이고 보다 현실적인 노인복지정책으로 수렴하기 위해 저소득 노인에게 생계비와 노령수당 현실화, 경노식당 운영, 민간기업체와 결연사업 확대 등 행정지원을 통한 기초생활보장을 촉구했다.

한편 무연고 사체처리에 대한 현행 법률은 인수자가 없는 사체 교부의 경우 구청장은 의과대학장이 사체교부를 요청할 때에는 특별한 사유가 없는 한 응해야 한다는 규정과 무연고 사체는 사체 현존지 구청장이 매장 또는 화장한다고 되어 있는 것과 관련하여 시체해부 및 보존에 관한법률은 상충되는 2개의 법률에 의해 사문화되고 있다고 지적하면서 의과대학에 교부되는 시체가 아예 없는 실정이라고 주장하기도 했다.

또한 나는 시정 질의를 통해 최근 사회문제로 부각되고 있는 장묘문화에 대해 날카롭게 지적했다. 서울시에는 5개소의 시립묘지가 있으나 망우리를 제외한 4개소는 모두 경기도에 위치하고 있고 이 4개소도 1~2년 내에 만장이 될 것이다. 1년에 여의도 한 배 반이 넘는 국토가 묘지로 잠식당하고 있고 국토 가용면적의

97년 강남구 의사회장 때 수서 고등학교 전교 1등 여학생에게
3년 전액 장학금 수여

25%가 죽은 자의 안식처로 제공돼 사회적인 문제로 대두되고 있다. 시립묘지 내의 매장을 금지하고 납골묘지로 조성해 화장률이 70% 이상인 일본이나 영국, 프랑스처럼 도심공원화계획이 수립돼야 한다. 이러한 장묘문화를 적극 추진하는 제도적, 예산상의 지원책을 밝히라고 요구했다. 그 후 벽제화장터 대신에 서초구 원지동에 훌륭한 화장시설이 생겨서 시민들이 편리하게 이용하고 있다.

나는 현대의학이 도입된 이래 최악의 현실에 부딪혀 어처구니없는 불이익만 당한 채 아무런 법적 근거조차도 찾지 못하고 체념과 좌절로 실추된 의료개원가의 현장 문제들을 해결하려고 노력해 왔다. 우리들의 간절한 여망이 무엇이며 의료계가 지금까지 외쳐온 의료정책개혁을 가로막는 요인이 무엇인가를 뼈저리게 느끼고 개선점을 강구해야겠다고 오랫동안 연구, 검토해 왔다.

특히 정권이 교체될 때마다 삶의 질을 높인다며 복지사회건설을 외쳐왔지만 실제로는 구호에 그쳤을 뿐이었다. 지난해 보건의료 예산은 전체의 4%에 그쳐 20%를 웃도는 선진국과는 비교조차 안 되는 것이 현실이라고 지적하고 싶다. 더욱이 나날이 증가되는 치매노인, 거택보호자 등 병든 환자들의 고통을 덜어주자는 의료복지 분야에 대한 서울시의 예산은 2.3%밖에 안 된다. 이는 세계적으로 볼 때 50위 정도에 머물고 있는 것이다.

고려대 노동대학원에서
(故)노무현 대통령을 만나다

1997년 IMF때는 내가 95년도에 서울시의원에 당선돼서 보건복지부위원장을 하고 있었다. 누가 면회를 왔다고 해서 만나보니 고려대학교 노동대학원에서 홍일식 총장님이 보냈다고 하면서 노동부 장관하셨던 고대 노동대학원 원장님이 오셔서 강의를 좀 해달라고 하셨다. 내가 무슨 강의냐고 물었더니 내가 의사이고 보건복지부를 맡았으니까 노동대학원 강의를 해달라고 했다.

그래서 저녁에 가서 고위정책과정 강의를 했다. 강의를 끝내고 내려오니 정장차림의 남자들이 고맙다고 감사패하고 봉투를 주었다. 나는 자세히 보지도 않고 가방에 집어넣었다. 기념사진이라며 나를 가운데 세워놓고 사진을 찍었다.

집에 와서 봉투를 열어 보니 나를 노동대학원 7기 동문회 회장으로 임명한다는 내용이었다. 아니, 내가 만일 한다면 보건복지나 아니면 국제정치학 이런 거라면 모를까 무슨 의사가 노동대학원인가. 그러나 이것 또한 하나님이 주시는 일인가보다 하는 생각이 들었다. 그래서 저녁마다 고대 노동대학원에 나갔다.

그러던 어느 날 전화가 왔는데 "무현입니다."라고 하기에 내가 아는 음악인 손무현인 줄 알았다.

"무현이가? 요즘 TV에 잘 안 나오대?"

"그게 아니고요. 저…… 요즘 청문회로 유명해진 노무현입니다.

고대 노동대학원 졸업식에서 김호진 원장과

만나주세요."

나는 깜짝 놀라서 왜 그러느냐고 물었더니 꼭 만나서 할 말이 있다며 고려대학에서 만나자고 했다. 그렇다면 우리 강의시간에 나오라고 말했다.

그 당시 국민통합추진회의 인사들이 제 갈 길을 찾아 각 당으로 뿔뿔이 흩어지며 그들이 '하로동선'이라는 음식점을 강남에 차렸다. '여름엔 난로, 겨울엔 부채'라는 뜻인 하로동선은 정치자금 마련을 위해 제정구, 이수인, 김홍신, 노무현, 김원웅, 이철, 유인태, 박석무, 홍기훈, 원혜영, 박계동 의원이 공동출자해 만든 것이었다.

노무현 씨는 자기네가 돈이 없어 만든 식당이기 때문에 각자 순번을 정해 저녁에 서빙을 한다고 했다. 그래서 대학원에 6기생으로 들어갔는데 저녁에 일을 하느라 출석일수가 모자라 졸업을 못 했으니 좀 도와달라고 했다. 그는 회장님 말씀 따르겠으니 노동대학원 7기에 넣어 달라는 것과 저녁에는 한 달에 한 번 정도만 수강하고 공휴일이나 주말에 남들 쉴 때 강의를 듣게 해달라는 것이었다. "동문회 회장으로 추대되신 분이니 교수들에게 얘기해 달라."고 해서 내가 교수들에게 말하여 졸업할 수 있게 수업시간을 조정했다. 그렇게까지 열성적인 그의 태도에 도와주고 싶은 마음이 생겼고 그는 우리 노동대학원을 마칠 수 있었다.

어느 날 그에게서 또 연락이 왔다. 덕분에 졸업은 했는데 이번엔 국회의원 출마를 하게 되었다고 도와달라고 했다. 문 박사님이 서울 강남에서 나올지 모르니까 자기는 종로로 나가겠다고 했다. 유력한 사람들이 후보로 나왔는데 자신은 집 한 칸도 없다고 했다. 내가 "애써 졸업까지 시켰더니 물에 빠진 사람 보따리 건져내라 그러네!" 했더니 마지막이라며 꼭 도와달라고 했다.

그가 국회의원 출마를 했는데 서울에 방 구할 돈이 없었다. 결국 돈을 좀 모아 주자고 노동대학원에 다니는 교우들에게 말했다. 노동대학원 수강생들이 십시일반으로 거두어, 70만 원이 모였다. 그러나 부산에 있는 아내를 데려와야 하고 손님을 맞아야 하니 방 2개는 있어야 된다고 돈이 더 필요하다고 했다.

내가 직원 월급 주려고 모아놓은 돈 백만 원을 내놓고 졸업생들에게도 조금만 더 내라고 했다. 우리 7기가 추렴하여 700만 원이 모아졌다. 그 돈을 전달해 주려고 해도 그때 나는 한나라당이었고 노동대학원 출신에 민주당으로 출마하는 그를 만나 전해주기도

고대 노동대학원 총 교우회(나는 앞줄 오른쪽 끝)

어려웠다.

내가 세종문화회관에서 행사에 참석하고 있을 때 한창 바쁜 시간에 노무현 씨에게서 전화가 왔다. "누님! 저는 못가니까 우리집 사람 보낼게요."

나는 노무현 후보 사모님을 불러 오라고 보좌관에게 시켰다. 그러자 "제가 노무현 아내입니다." 하면서 수수한 한복차림의 부인이 다가와 인사를 했다. 그렇게 700만 원을 부인에게 주었고 그 돈으로 방을 얻어 선거운동을 하고 종로에서 국회의원에 당선되었다.

영국 옥스퍼드 대학 연수와
당당한 여성리더 마가렛 대처 상원의원

나는 고려대학교 노동대학원 7기 동문회 회장이 되어 영국이 경제공황을 어떻게 이겼는지 배우고자 대학원생들과 함께 영국에 갔다.

영국 노동당 정부 시절, 영국은 IMF 구제 금융의 치욕을 겪고 복지정책에 따른 과다 지출과 노동자들의 잇단 파업 등으로 위기를 맞았었다. 영국 최초의 여성 수상, '철의 여인'으로 불리는 대처 수상이 그 당시 IMF위기에 어떻게 대처했는지 공부하기 위해 1997년 여름, 옥스퍼드 대학에 가서 6주 동안 강의를 들은 것이다.

옥스퍼드에 갈 때 민주노총과 한국노총 대표들을 데리고 갔다. 그 때 영국에 가기 위해 한 사람 앞에 5백만 원씩 냈다. IMF때 얼마나 돈이 없었나. 그래서 내가 대학원 원장한테 말해서 돈 없는 사람은 장학금으로 반씩 내주자고 했다. 그 당시 노동대학원에 민주노총, 한국노총 회장들이 들어왔고, 그 이후로 노총이 활성화되고 화합되어 강한 조직 활동을 했다. 한국노총이 완전히 정부를 위해 도움을 주는 한국노총이 되었고 민주노총은 반기를 들고 데모하는 것이 줄어들었다. 그들과 함께 노무현 대통령도 졸업을 하고 그 후에 대통령이 되었다.

토니 블레어 총리가 나와 오늘의 나를 이렇게 이끌어 준 사람을 소개하니 대처가 나와 상원위원 자리에 앉았다. 그러니까 수상을 퇴임하고 난 다음에도 상원의원으로 있으면서 비록 당은 다르지만 "토니 블레어가 내가 못했던 것을 보완할 수 있고 지금이라도 토니 블레어가 하는 것을 내가 옆에서 도와줄 수 있다. 이게 오늘날의 민주화다."라고 말하자 박수가 터졌고 총리임에도 불구하고 "나는 신보수당 당수 토니 블레어입니다."라고 말했던 영국의 정치 풍토가 기억에 남는다.

또 하나는 강의시간에 시장이 나와서 강의를 하는데 반드시 지역의 시의원을 거친 사람에 한해서 국회의원 공천자격이 있다고 했다. 왜 우리는 다른 것은 다 선진국을 따라하는데 이런 올바른 민주정치는 못 따라가는지 답답했다. 우리도 역대 대통령들의 연설을 들을 수 있다면 얼마나 좋겠는가.

개인 가정집을 방문했었다. 국민 개개인의 검소한 생활이 몸에 배어 있는 걸 보았다. IMF를 극복한 그들이 물, 전기, 인력 사용하는 것을 우리가 보고 배울 수 있으면 좋지 않을까 생각했다. 우리가 돈 받는 나라에서 돈 주는 나라가 되었다고 요란하게 떠들 것이 아니고 문화생활자체가 검소하고 절약하며 미래 후손들을 위해 환경문제도 대비하면 얼마나 좋을까 생각했다.

클린턴 대통령의 부인 힐러리가 상원의원에 출마할 당시 샌프란시스코 NWPC(National Women's Political Caucus) 회장의 초청으로 미국에 갔었다. 국가여성지도자 모임에서 초청한 것이었다.

남편이 여성의 정치참여를 도와 함께 육아, 살림을 도와주는 것도 새로운 모습이었고 아내가 국제행사에 참여할 때에는 남편이 휴가를 내서 아이를 돌봐주는 것도 인상적이었다. 부인들은 아이를 안고 정치토론에 참여하고 때로는 수유할 시간이라고 토론 중에 자리를 뜨는 그녀들은 당당했다.

공화당과 민주당 의원이 우리나라처럼 반목하는 것이 아니라 함께 토론하는 것도 감동적이었다.

원만한 가정과 가족의 협조 없이는 국정은 불가하며 국가 행정을 원만하게 돌보지 못한다는 것이 미국정치사회의 인식이다. 회의 도중 아이를 유치원에 보내거나 보육원에 맡길 경우 잠시 자리를 떠나는 일이 자연스러웠다. 미국 힐러리 국무장관도 그 당시 대통령 영부인의 위치에서 뉴욕 주 상원의원의 열띤 후보자 입장

98년도 옥스퍼드 대학 정원에서 김호진 원장과(한복을 입은 나와 검은 양복의 김호진 원장)

으로 빌 클린턴을 충실하게 내조했으며 당당하게 부군의 외조를 받으며 상원의원에 출마했다고 강조했다.

단단한 가정이 당당한 여성리더를 만드는 것이다. 여성의 섬세함과 외유내강(外柔內剛)을 신조로 하는 여성 리더들이 부각되는 21세기 정치사회는 섬세함과 포용력으로 용서하는 부드러운 모성애를 발휘하는 정치인을 선호하고 있다. 가정과 전문직, 1인 2~3역을 하는 치밀한 노력을 하는 여성만이 사회적으로 큰 역할을 수행할 수 있으며 한국여성들도 당당한 여성 리더들을 벤치마킹할 필요가 있다.

우리나라 여성들도 당당함을 갖추고 나 이외의 범주로 활동범위를 넓혀야 한다. 여성이기에 혜택을 받기보다는 남성과 동등한 입장에서 경쟁하며 진정한 의미를 지향해야 한다는 것이 나의 신념이기 때문에 힐러리를 롤 모델로 삼아 한국사회의 모범적인 가정상을 제시하고 있다.

힐러리 클린턴 국무장관의 이화여대 방문 당시 강의중에 이런 말을 강조했다. "Do What I Love(내가 좋아하는 일을 해라), Dare To Compete(과감히 도전해라)!" 이제는 남녀평등 시대이며 자신의 전문화가 본인을 지켜주는 척도가 된다. 힐러리 클린턴이 상원의원 출마 당시 그녀는 "이제는 자신의 순서(It's my turn)이며 남편인 클린턴이 자신을 도울 차례"라고 강조했다. 그녀는 당시 당선 가능성이 30%밖에 안 된다는 주위의 우려를 불식하고 당당하게 상원의원으로 당선, 버락 오바마의 킹메이커가 되어 미국의 국무장관의 신분으로 한국을 방문하는 당당한 여인이 되었다.

그런 그녀는 "늘 꿈꾸는 대로 행동해라(Dream it Do it.)."라고 강조하며 자신의 꿈을 이루기 위해 어떤 역경과 고통을 이겨냈는지 보여주었다. 이를 본받아 여성들은 이제 당당히 한 나라의 주체가 되어 사회로 나와서 자신의 역량을 마음껏 발휘할 수 있는 자신감을 가져야 한다. 나는 그런 당당함을 후배들에게 주문하고 싶다. 후배들에게 내가 자주 하는 말이 있다. 일과 가정을 함께 가꿀 수 있는 적극적인 여자가 되라는 당부이다.

정치인으로서의 나의 신념이라면 세 가지를 말할 수 있다.
'Globalization', 'Cosmopolitan' 그리고 'Dream it, Do it'이다. 이제는 세계를 보아야 한다. 코네티컷에 간 적이 있는데 그 곳에선 의원들도 뉴욕까지 전철을 타고 출퇴근을 하고 있었다. 그들은 출, 퇴근 시 50여 분 동안 전철에서 신문도 보고 시민들의 얘기도 듣는다고 했다. 그들이 항상 강조하는 말은 바로 "See Something, Say Something(뭔가 보이면 말하라)."이었다.

캄보디아 프놈펜에서
'WOMEN IN POLITICS'

    2001년 5월 독일 나우만재단의 후원과 초청으로 우리나라를 비롯하여 세계 개발도상국에 있는 여성정치지도자들의 토론회에 참석하기 위하여 나와 서강대 여교수 2명이 프놈펜 공항에 도착해 보니 배낭을 메고 마중 나온 여성이 있었는데 회의 끝나고 환영 리셉션에 갔더니 우리를 초청한 야당당수의 부인이었다. 그날 내가 연설한 '한국의 정치후보자로서 여성의 통찰력과 활동'이라는 제목의 연설문을 여기에 간략히 옮겨본다.
    저는 남성 중심 사회에서 1995년 지역선거 당시 서울시의원 후보자로 지명되고 50%의 지지율로 당선된 경험을 말씀드리겠습니다. 서울시의원 선거(Seoul City Council Election)의 승리에 대한 전략이라고 할 수 있습니다. 의사로서 저는 1995년부터 1998년까지 서울시 의회의 구성원이었습니다. 저는 지금 여당인 한나라당의 건강과 복지 자문위원장이고 또한 (사)한국여성 정치연맹 서울시연맹 회장입니다.
    동서양의 긴장이 해결되어 화합과 상생의 관계가 되었습니다. 동시에 인간관계에 있어서 여성과 남성이 동등한 권리로 공조해야 합니다. 이 시점에서 여성이 무엇을 해야 할까요?
    한국여성정치연맹(seoul league of Korean women & Politics)은 여성의 이익을 증진시키고 여성이 국회 참여를 장려하고 여성정치지도자를 위한 첫 번째 여성 훈련을 통해 유권자의 의식을 교육합니다.

역사를 돌이켜보면 여왕들(28대 선덕여왕, 29대 진덕여왕)이 백제나 고구려의 침입에서 신라를 구하고 삼국통일을 이루었습니다. 여성은 인구의 절반을 차지합니다. 만일 남성과 여성이 서로 공조하지 않는다면 역사는 멈추게 되고 남성도 살아남지 못하게 될 것입니다. 역사의 등불은 조화를 잃을 것이고 여성은 고립될 것입니다.

지금까지는 정치, 경제, 문화, 사회에서 균형이 잡히지 않아 남성 우월 사회에서 여성의 역할과 의무는 폄하되었습니다. 힘을 요구하던 농경시대와 산업발전 사회는 지나갔고 현대에는 전문화, 지식과 정보의 세상이 되었습니다. 한국 민주주의의 현실화는 섬세한 여성의 저력과 정치, 사회, 경제, 문화 등에 여성이 참여함으로써 이룰 수 있습니다.

우리의 정치는 균형을 이루지 못하고 있습니다. 여성의 정치 참여 지수는 개발도상국과 다를 바 없습니다. 24개 아시아 태평양 국가에서 최하위를 차지하고 있습니다. 우리는 한국전쟁을 겪었음에도 '한강의 기적'을 이루어 세계 10대 강국에 들었습니다. 외환위기에 의해 IMF가 찾아왔을 때 단기간에 극복하여 세계의 주목을 받았습니다. 이를 두고 두 번째 '한강의 기적'이라 일컫지만 우리는 현재 정치적인 오류로 총체적인 위기를 맞고 있습니다.

여성 지도자는 성찰과 통찰력을 통해 여성의 능력을 재평가하여야 할 것입니다. 남성에 의해 발생한 병적 경제현상을 치유함으로써 우리 여성은 인간의 권리를 합법화하는 민주주의를 확고히 해야 합니다. 우리는 정치적으로 억압된 의식에서 깨어나고 정치 사회에 참여하며 권리를 수행할 능력을 발휘해야 합니다.

이명박 대통령 당선에
일조한 주역으로 평가받음

시의원 활동 중 인정받은 것 중에 또 한 가지는 국민건강보험 재정파탄 및 응급의료법 및 의약분업에 대한 대책을 마련하고 당의 정책수립에 기여한 것이다. 이와 더불어 한나라당 상임고문으로 재임하며 지난 제17대 대통령선거에서 여성계와 의료계의 전국조직을 이끌어 이명박 대통령 당선에 일조한 주역으로 평가받은 것이다.

이명박 대통령 영부인 김윤옥 여사와
(앞줄 왼쪽에서 두 번째가 영부인 나는 앞줄 맨 오른쪽)

나는 비례대표가 아닌 지역구에서 선출된 유일한 여성 시의원인데다 현직 의사이니 안팎으로 활동영역이 다양하고 넓을 수밖에 없었다.

96년에는 서울시의회 보사위원회 해외 시찰단으로 남미 3개국(멕시코, 아르헨티나, 브라질)과 일본 동경도를 공식 방문하여 멕시코시티 부시장, 상파울루, 부에노스아이레스 보건국장과 간담회 및 세미나를 갖고 보건의료 복지정책 등을 논의하는가 하면 동경도의 노인복지시설 프로그램 개발계획을 공동 연구하여 국제 교류에 일익을 담당했고 82년 대한주부클럽연합회 중앙이사, 강남여성산악회 총회장을 지내면서 여성의 사회진출과 인권문제에도 깊은 관심을 갖게 되었다.

이명박 전 대통령 당선 직후

중국과 한국의 의료정책 비교

역대 의료정책의 뜨거운 감자로 여겨 왔던 의료일원화에 한이 맺힌 나는 중국을 한의학의 모체로 생각하고 국빈 자격으로 중국정부의 초청을 받아 북경을 방문했다. 진민장 위생부장(우리나라의 보건복지부장관)과 1시간 독대하고 놀랐던 적이 있다. 15년 간 북경의대 종합병원에서 소화기내과 과장으로 일해 온

서울시와 자매 결연을 맺은
위구르의 시장과 함께

의대교수가 5년 동안이나 위생부장으로 근무한 사실과 한의학은 의대 다닐 때 6개월간 배웠고 내과 수련과정에서 실습 경력이 6개월뿐이라는 것이 놀라웠다.

특히 해당부서 산하에 80개 이상의 각종부서를 관할하는 우리나라 보건복지부장, 차관제도와는 달리 위생부장 산하에는 6개의 차관급을 둠으로써 전문 직종에 종사하며 확실하게 역할분담을 하고 있는 것을 확인한 후 우리와 다른 많은 정책을 알게 되었다.

한국처럼 의료일원화는 안 되어 있지만 의료전문인을 복지부장관으로 10년이나 계속 근무하게 하는 것을 볼 때, 정권 교체 시에는 물론 1년에도 몇 차례씩 바뀌는 우리정부에 비해 이런 면은 우리보다 월등히 선진화된 모습으로 받아들여졌다.

우리나라의 건설, 교통, 외무, 법무, 과학 등 모든 분야의 장관들

2003년 위구르 시청 방문(앞줄 왼쪽에서 세 번째가 나)

은 모두 대학교수 등 전문직에서 발탁하는 데 반해 오직 보건복지부장관만은 문민정부 이후 의료전문인이 소외되고, 제외되어야 하는지 납득할 수가 없었다.

한편 커다란 문제점은 높은 수준의 두뇌를 갖춘 고급인력집단체로 구성되어 우직하게도 불평 한마디 없이 주어진 환자 진료만을 천직으로 알고 전문직업인으로서의 높은 긍지를 가진 개업의가 85% 이상의 병의원을 경영하고 있다.

그러면서도 법적, 경제적, 세무적으로 단 한 푼어치의 혜택이 없음은 물론 정부나 의료보험연합회로부터의 지나친 법적 규제와 간섭은 더 이상 묵과할 수 없다는 지경에 이르렀다. 이 같은 현실은 의료인의 직업적 위상을 실추 시킨 채 전문직업인으로서의 높은 자긍심을 떨어뜨리는 한편 경쟁논리, 자본주의 사회에서 유난히 의료인만이 따돌림당하고 있는 것이다.

여성의 힘은 국가 경쟁력

나는 사단법인 한국여성정치연맹 서울시연맹을 창립(2000년 7월)하여 25개 행정구역 중 산하 15(강남, 강동, 서초, 송파 등)개 지구를 창설하는 등 여성정치지도자의 구의원, 시의원, 국회의원 배출과 이들의 활동을 적극 지원했다. 당시 서울시가 100억 원의 여성정치 발전기금을 조성하도록 이끌었다.

또한 2000년 5월, 美전국여성정치연맹(NWPC), 세계대회(1991년), 독일나우만재단 후원으로 캄보디아 프놈펜에서 개최된 국제여성정치지도자 대회 등 세계여성정치지도자들의 모임에 한국토론자 대표로 참석하여 각국의 정치지도자들로부터 획기적인 활동과 업적을 인정받아 한국의 대표 여성정치인으로 주목을 받았다.

지난 세월 지역에서 주민들의 건강을 지키느라 힘써왔으며 또한 각종 봉사활동으로 지역발전에 기여해온 결과 지역주민의 성원에 힘입어 서울시의회에 진출하여 지역의 대변자 역할을 해 온 나에게 여성으로서 너무 강한 것 아니냐는 질문을 해올 때도 간혹 있다. 그러나 나는 나를 비롯한 우리나라 여성이 앞으로 더욱 더 강해져야 한다고 생각한다.

신요철 국제이사를 방문한
피노 국제라이온스 회장 내외

2003년 한국여성정치연맹 제 3차 정기총회(앞줄 오른쪽에서 두 번째가 나)

2002년 김현자 의원과 샌프란시스코 방문, 시장과 함께
(왼쪽에서 세 번째가 김현자 의원 오른쪽에서 세 번째는 나)

2012 ALPS 고위정책과정 동문회 회장으로서 상해총영사 방문
(앞줄 왼쪽에서 여섯 번째가 나)

일산킨텍스 2013 의사협회 행사장에
박근혜 대통령 선거운동차 방문

장애인올림픽 선수 격려차 방문(앞줄 왼쪽 끝이 나)

해외의료선교에 앞장서는 슈퍼우먼, 라오스부터 파라과이까지 선교와 의료봉사

나이가 들수록 선교사업이 더욱 소중하게 여겨진다. 내가 처음부터 해외의료선교 활동을 한 것은 아니다. 장애인과 노숙자들을 위한 진료를 다니다가 시의원을 하던 시절, 몽골과 러시아로 처음 해외선교를 하였고 라오스 최북단 우둠싸이 마을에서 남미, 파라과이, 아스콘 빈민가에 이르기까지 전 세계 22개국을 순회하며 나눔과 의료봉사 등을 해왔다.

몽골

소망교회 선교 팀 주관으로 몽골 울란바토르 주변 무의촌에 가서 의료활동을 펼치며 의료선교 및 민간외교 활동에 앞장섰다. 한편 울란바토르 시내에 있는, 신촌 세브란스 병원의 위탁병원인 국

소망교회의료선교부, 김지철 목사님과 스리랑카 의료선교단 결성(앞줄 모자 쓴 사람이 나)

립종합병원을 방문하여 전광철 원장에게 준비해 간 의약품을 전달하고 왔다. 전광철 원장님의 사모님 김광자 권사님이 관절염으로 휠체어를 타고 우리들에게 손수 만든 장미꽃으로 환영해 주셨다. 그분의 자제분이 지금 전우택 신촌 세브란스 정신과 교수이면서 통일보건학회 회장을 하고 있다.

라오스

그 후 출석하던 소망교회 의료선교부에서 라오스로 의료선교를 같이 가게 되었다. 정말 아무것도 없는 거친 풀밭에서 50여 명의 환자를 진료하면서 큰 보람을 느끼고 해외의료선교에 대한 비전에 눈 뜨게 되었다.

2005~2010년까지 라오스 우둠싸이에 의료선교를 다녔다. 첫 선교 갈 때는 우둠싸이로 갔다. 그곳은 주민들도 꺼리는 산골이며 국내 비행기사고가 많은 곳이라 하여 소망 의료선교팀 중에 가장 나이 많은 70세 고령자로서 그곳 팀장으로 출발했다.

산간 늪지대라 버스를 타고 가다가 내려서 걸어올라 갈 정도의 험난한 곳에 도착하여 식사로 주먹밥을 주기에 허기를 면하기 위해 먹고 움막에 올라가 내 배낭을 찾으니 안 보였다.

배낭이 있어야 침낭을 꺼낼 텐데 성경과 소지품 등이 전부 대체 어디서 없어졌는지. 20여명의 팀원들도 못 봤다고 한다. 아마 서울 비행장에서 분실됐나보다. 70살 기념으로 해외선교 첫 걸음부터 고난과 시련은 예수를 닮아 가는 과정이며 하나님이 함께하심을 믿고 일행은 모두 침낭 속에 들어가 잠을 자는데 나는 어쩔 수 없이 현지인의 이불, 담요 같은 것을 덮고 코를 막고 옷을 입은 채로 잠자려 하는데 심한 오심, 두통, 복통이 발작했다. 전기도 없어 갖고 간 전지를 켜고 원두막에서 겨우 내려가서 화장실이라곤 어처구니없는 재래식이고 복통을 참지 못해 아침에 진료하려고 쌓아둔 약보따리를 더듬어 찾아서 불이 없으니 손에 잡히는 대로 알약 한줌을 먹고 올라가서 엎드려 기도했다. "내과 의사라곤 나 하나뿐인 이 먼 곳까지 와서 내가 환자가 되면 하나님, 어떻게 해요? 하나님, 책임져주세요……" 하고 눈물로 기도하다 날이 밝아 아침이 됐다. 감쪽같이 복통이 사라지고 밤사이 헤맨 것은 마치 꿈만 같아서 악령과 싸워 이긴 기분이었다.

지난밤 식빵과 계란 1개와 쵸콜렛 5개 받은 것을 배낭이 없어 주머니 속에 넣고 잤는데 아침에 보니 한 개도 없었다. 현지인에게 물어보니 자기 숙소엔 쥐도 많고 때론 뱀들이 올라와 먹고 간다고 했다. 나는 깜짝 놀랐다.

'과연 쥐들이 그랬을까? 뱀이 왔었다면 내 몸을 지나갔을 텐데……' 소름이 끼쳤으나 성령님이 주무시지도 않고 그 위험에서 지켜주셨으니 감사했다.

6박 7일을 마치고 인천 공항에 와서 배낭을 고스란히 찾았다.

그곳에서 현지 선교사님이 선교하기 위해서 영어학원을 하나 차리려고 하였으나 사무실을 구하지 못했다. 그곳은 기독교 박해와 탄압이 심해서 "예수님"도 "ㅇㅅ"이라고 말해야 했다. 공산당 대표가 왕진을 청해서 갔더니 80세 노인이 잘 먹지도 못하고 누워있어서 영양제를 놓아주고 치료해 주어서 많은 효과를 보았다. 그가 자기 사무실을 쓰라고 빌려주어 영어학원을 하면서 선교활동을 할 수 있었다. 우리가 귀국할 때 그 사람이 신학공부를 하고 싶다고 자신도 한국에 갈 수 있느냐고 물어서 귀국하여 숭실대학에 물어보았더니 어렵겠다며 연구해보겠다고 하고 답변이 없었다. 그러나 공산당 간부를 치료하며 전도하였고 현지인 내과 의사 Dr. THONG을 전도한 보람도 있었다.

중국 장춘 위수 시

2010 베이징 올림픽 당시 중국 위수 시에 갔을 때 자비로 그 지역에서 선교활동 하고 있는 선교사한테서 연락이 왔다. 환자 500명을 모아놨으니 내가 와서 진료하면 자기가 선교하겠다고 했다. 이때는 개성협력병원에 오가는 그린닥터 의료팀이 개성에 가지 않고 중국에 갔었다. 중국인 의사 부부가 있었는데 시멘트 바닥에 호롱불 아래에서 현지인들에게 성경공부를 가르치고 있었다. 그 사람들은 의사, 변호사 등 지식층이었다. 우리가 갔을 땐 현지인 500명이 정부에서 운영하는 삼작교회에 수요일 낮에 모여 예배를 드리고 있었다. 우리는 가져간 약으로 진료하고 치료하고 목사님이 전도하고 돌아왔다.

젊은 사람들도 힘들어하는 러시아, 아프리카 등지도 마다않고 의료선교를 다닌 것은 더 많은 사람들을 만나고 신앙을 불러 일으켜 줄 수 있기 때문이었다. 영적 보급만이 생명을 살리는 길이라는 생각 때문이다. 이런 의료선교활동을 하면서 더욱 더 하나님의 사랑을 체험하고 하나님께 감사하게 되었다.

베트남

1990년 베트남 다낭 종합체육관 옆에 한국태권도장을 설립하고 하노이 주위 석산마을에 Sunny Red Cross Clinic 의료사업을 할 수 있도록 후원회장으로서 현재까지 20년간 나의 열정을 바쳤다. 캄보디아 프놈펜, 스리랑카, 인도네시아, 아프리카, 에티오피아, 중국의 장춘과 심천 등 세계를 향한 선교활동과 의료봉사, 영어학원(라오스) 건립을 위한 민간 외교 역할을 담당했다.

20년 전 1993년 11월초 정부 집권여당 신한국당의 보건복지위원장 자격으로 20여명과 함께 그 당시 북한대사관만 있었던 베트남의 수도 하노이에 한국대사 파견 가능성 정보 파악 임무를 띠고 처음으로 그곳에 후보자인 한 대사와 함께 갔다.

그 때 30년 간 지하땅굴에서 살았다는 베트남 보건복지부 장관은 "전쟁으로 황폐된 이 민족에게 한 모금의 물로 도와준다면 훗날 잘 살게 되었을 때 수돗물로 보답하겠다."는 말을 했다.

그 월남 땅의 오늘날 눈부신 발전을 보면서 앞으로도 반드시 하나님의 크신 섭리가 있으리라 믿고 우리들의 계획된 이 모든 사역을 위해 선택받은 우리 하나님의 사람들이 다 함께 최선을 다해 기도와 간구로 노력한다면 21세기에 복음의 횃불을 밝히는 선의은행과 선의선교병원이 될 것이다.

베트남의 하노이와 사이공에 가서 중, 고등학교, 기술학교를 찾아갔다. 현지인과 우리나라 혼혈아 2세들을 보니 외모도 반듯하고 잘 성장하고 있는 듯 했다. "컴퓨터와 미용기술, 각종 기술 장비들을 많이 가져와 너희에게 가르쳐주려고 우리가 한국에서 왔으니 힘들더라도 열심히 해라. 우리는 너희를 도우러 왔다."고 말해 주었다. 순서를 끝내고 나오는데 한국인 2세들이 몇십 명 따라 나왔다. 저녁에 그 애들을 음식점에 초대해서 선물을 주었다. 그 중 하나가 내게 제부모와 자신의 어린 시절 사진을 보여주며 "우리 아버지 좀 찾아 달라."고 했다. 내 가슴이 뭉클했다. 그러나 엄마가 아버지 이름을 안 알려주어 찾을 수가 없고 나중에 자라서 한국에 가게 되면 아버지 이름을 알려주겠다고 했단다.

나는 그 아이에게 특별히 다른 선물도 주고 위로해 주었을 뿐 귀국해서도 더 이상 도와줄 길이 없어 안타까웠다. 한국인과 결혼했던 그곳 여성들은 전쟁이 끝나도 결혼을 안 하고 기다리고 있었다. 그리고 2세들한테 너희 아빠는 훌륭한 따이한이라고 가르치고 있는 모습에 애처로운 마음이 들었다.

"우리가 알거니와 하나님을 사랑하는 자 그 뜻대로 부르심을 입은 자에게는 모든 것이 협력하여 선을 이루느니라(로마서 8장 28절)."

이 성경구절을 지표로 삼고 일생을 살아온 의료전문인인 내게 '혈액은행'이란 익숙한 용어 대신 선의은행에 관심을 갖고 63빌딩에서 거행된 성대한 19주년 행사에 참석했을 때다. 하나님께로부터 10여년이 지난 이 마지막 순간 선의선교병원 건립 후원회장이란 막중한 임무를 제안 받았을 때 인간적으론 한없이 부족하지만 기도로 무장하며 내게 능력주시는 자 안에서 능치 못할 일이 없다는 말씀에 의지하여 충성하는 것이 주님께서 주신 사명으로 알고 주어진 현실에서 최선을 다해 노력하겠다고 결심했다.

이 일을 성사시킬 수 있도록 20여 년간 쌓아왔던 선의은행 중앙회와 호치민 시에서 경영하는 사업과 이미 실행하고 있는 10여명의 베트남 심장병 어린이 수술 사업 위에도 하나님의 무한한 축복이 함께 하시기를 늘 기도하고 있다.

역사적으로 세계 전쟁을 방불케 했던 월남 전쟁이 종식된 1975년 이후 국가적 정책으로 하노이와 호치민에는 KOTRA, KOICA 등 대외협력 기구를 통한 외교적 활동은 있었으나 미 해군기지와 한국 청룡 부대가 주둔했다는 다낭 시에는 처음으로 특히 민간복지재단의 주관으로 선교병원을 건립하여 보다 양질의 의료서비스를 통하여 영육간의 질병 치료에 헌신하고자 하는 선의은행 회원 여러분께 늘 감사하고 있다.

다낭에는 8천평 병원 운영권을 달라고 해서 병원건립을 포기했다. 대신 선의복지재단 이름으로 태권도장을 만들었다. 하노이 석산 마을에 천 평 대지를 제공 받아 선의병원을 세웠다.

금세기 세계정세를 본다면 월남전과 6.25 한국전쟁은 동등한 입장이었으나 월남전은 월맹에 의해 공산화됨으로 오늘의 북한 동포를 위하여 숙식 해결조차 불가능한 이웃 나라 캄보디아, 라오스와 인접한 중국 운남성, 미얀마까지 이 다낭 선의선교병원을 통해 보다 양질의 의료 혜택을 받게 함으로써 그리스도의 십자가 사랑이 무엇인지 알게 하는 것이 우리들의 집중적인 기도 제목이라고 생각한다.

러시아

러시아 선교를 위하여 소망교회 북방선교부원들과 함께 한 미네랄누예 뻬지꼴스크 지역의 봉사를 하러 갔을 때 특별히 기억나는 점이 있다. 그 지역에서도 여러 가지 질병을 앓고 있는 환자들이 많이 찾아왔는데 진찰을 하면 무슨 병이냐고 자세히 묻고 피검사해서 혈압이 높아 약을 주면 이 약은 무슨 성분이냐 얼마나 먹으면 낫느냐 부작용은 없는지 일일이 따지곤 했다.

모스크바 공항에 도착하여 버스로 봉사현장에 가기 전, 현지 여교사들의 안내로 25명의 선교단이 저녁식사를 하기 위해 한적한 식당으로 갔는데 갑자기 총소리가 나더니 경찰 5~6명이 들이닥쳤다. 신원확인을 하고 그곳에 온 목적을 조사했다. 의료팀장인 내가 나서서 우리는 순수한 의사들의 모임이고 러시아 최북방 환자 특히 노인과 어린이들을 진료 해주고 감기예방주사를 놓아주기 위해 왔다는 변명으로 겨우 위기를 넘겼다. 뿐만 아니라 우리보다 앞서 다녀간 의료선교 팀은 시베리아 사막에 갔다가 공항에서 쫓겨 온 일도 있었다.

에티오피아

내가 2008년도 에티오피아 수도 아디스아바바에서 근무하는 한국 의사(김원홍 박사, 외과전문의)와 함께 산간지역에 갔을 때 생각이 난다. 소망교회 의료팀과 함께 우물을 파서 펌프시설을 달기 전 우리는 물 한 병으로 7일 동안 견뎌야 했다. 천막을 치고 잠을 자고 사원의 불공소리에 잠이 깨어 나가보니 신발이 몽땅 없어졌고 숲속 여기저기에 기어 다니는 뱀 때문에 긴장하곤 했다. 아침밥은 서울에서 갖고 간 식빵으로 점심은 누룽지를 끓여서 먹고 저녁은 라면으로 요기를 하면서도 그들의 열정적인 신앙과 믿음이 참으로 인상 깊은 에티오피아 선교 사역이었다. 내 손자가 요즘 아프리카 지역에서 본격적으로 하나님과 대화하며 일하고 있으니 참으로 감사하다.

파라과이

남미 중 가장 열악한 곳이 파라과이다. 세계 3대 폭포 중 하나인 이구아수 폭포는 브라질과 아르헨티나가 함께 수력발전을 개발했으나 파라과이는 경제력이 부족해 인력동원만 하고 전기이용은 못하고 있는 열악한 나라임을 알았다. 그 곳에 파견된 한국선교사가 세 명인데 한 명은 1987년 소망교회 방문으로 그때는 의료선교 조직이 없어 내 개인적으로 장 선교사님과 아르헨티나 파견 현지 선교사님을 밀알선교단체를 통해 도와주었는데 성 선교사님은 현지에서 돌아가시고 장선교사님은 소식이 끊어진지 오래이다. 2002년도 파라과이에 갈 때는 아스콘신 두 선교사 사이에 심한 분쟁이 있었다. 우리는 임 선교사님 초청으로 가서 5박 6일로 의료봉사를 잘 운영하였다. 그런 도중 성탄축하예배 후 45명을 태운 스쿨버스가 전복되어 모두 사망하는 큰 사고가 있었다는 얘기를 듣고 하나님 앞에 두려움과 떨림으로 기도드렸다. 교만과 자만은 하나님께서 제일 싫어하고 원치 않으시며 산제사보다 순종이 낫다는 말씀을 떠올리게 되었다.

스리랑카

소망교회 김창준 목사님과 의료선교단은 쓰나미 지진피해로 인해 낙심한 스리랑카 주민에게 비전센터 개관과 진료활동을 통하여 위로와 더불어 그들에게 소망을 심어주고자 했다. 현지 선교사 최도식 목사님이 시무하고 있는 한인교회와 함께 기존 유치원을 운영키로 하고 더 나아가 스리랑카 어린이, 청소년들을 위한 비전센터를 만들어 교육프로그램을 통한 소망과 꿈을 심어주는 곳으로 발전시킬 목적이었다. 스리랑카가 속히 민주화되고 복음화 되어 영적으로 경제적으로 부흥할 것을 기도하며 영적 무장을 준비하였다.

2010년 소망교회 당회장님을 모시고 4억 예산으로 스리랑카에 비전센터를 건립하기 위해 떠났다. 공항에 내리자 사원의 목탁소리가 공항전체를 울리고 있었다. 과연 수도 Kandy에는 기독교 박해가 심했다. 도착 이튿날 유치원과 학원을 포함한 Vision Center 기공식 예배를 시작하려는데 경찰들이 들이닥쳐 못하게 막았다. 물론 그들도 선교가 목적인 것을 알고 있었으나 4억도 필요 없으니 다 갖고 나가라고 했다. 모두들 '설득의 달인'으로 불리는 나에게 그들을 만나라고 했다. 나는 무조건 반대만 하지 말고 어떤 방법을 제시하라고 그들에게 말했더니 "우리 사원 주지스님의 말씀이 그곳을 방문한 당신들의 그 어떤 행사보다 먼저 불공을 드린 후 시작하라."고 했다고 한다. 목사님은 쾌히 승낙 하셨고 불공을 먼저 드린 다음 우리 기공예배를 드리고 건립하여 지금까지 잘 운영되고 있다.

네팔

대한기독여자의사회 의료선교 활동은 2,000년부터 약 15년 동안 중국 광동성 및 심천에 근무하는 삼성전자공장 직원 400~500명을 해마다 신체검사 및 진료를 해오고 있으며 캄보디아, 필리핀 쓰나미 지역에도 방문, 의료선교 활동을 했다. 2016년에는 네팔을 방문했다.

혈액검사기, 의약품, 어린아이용 T셔츠, 학용품 등 만반의 준비를 하여 네팔 트리부반 공항에 도착했다. 바로 Singi Hotel에 여장을 풀고 예배를 드렸다. 네팔은 87%가 힌두교 신자인데 신이 12만 개이고 네팔 전체의 넓이는 남북한 두 배지만 인구는 2,000만이고 네팔은 3억 3만의 신이 있고 궁전이 3개인데 지난 지진 때 그 궁전 3개만 무너져 파괴 됐다고 한다. 주님의 뜻인 것 같다. 사탄이 틈타지 않도록 기도하며 의료봉사를 하였다. 나는 고린도전서 3장 1절~13절까지 하나님의 본체가 사랑이시며 그가 우리에게 주신 사랑의 은사를 베풀 때 지식이 아니라 뜨거운 사랑으로 그들을 치유하고 선교해야한다는 말씀을 전했다.

마지막 날 네팔의 유일한 최대 관광지를 안내해주어서 갔더니 힌두교 전통 화장터인 파스파티나트 화장터를 보여주었다. 갠지즈강 유역인 강변 노상에 공개적으로 장작불을 때어 시체가 타는 모습을 보여주고 다 탄 잿가루를 강물에 뿌리고 그 강물을 마시는 것을 성수로 여긴다고 했다. 참 특이한 풍습이라고 생각했다.

정말 어떤 길이 있으면 그 길이 힘들어도 가야지 그 길이 내 길이 된다. 어떤 계획이 있어도 절대로 쉽게 이루어지지 않는다. 옛날에는 못 올라가는 나무 쳐다보지도 말라했는데 요즘 내 생각에는 못 올라가는 나무는 쳐다라도 보자 하는 생각이다. 그럼 나무에 뭐가 있는지 알 수도 있고 때론 열매가 떨어질 거 아닌가. 7전 8기가 아니라 9전 10기여야 한다. 이루어질 때까지 도전해야 한다.

나는 늘 기도하지만 어떤 어려움이 있을 때는 이렇게도 기도한다. "하나님 저 오늘 힘든 날입니다. 아파서 무릎도 못 꿇습니다. 하나님 저 이러이러한 일 있는데 이게 내 일이 아니고 이걸 통해서 하나님이 영광 받으시려면 내가 할 수 있는 힘을 주세요. 그래야 하나님도 기쁘시죠." 하고 떼를 쓰는 기도를 할 때가 있다.

'믿고 구하는 것은 이미 받은 줄 알라. 진심으로 구하라. 그러면 어떤 방법으로든 응답이 될 것이다.' 라는 말씀을 나는 조금도 의심 없이 믿었다.

그러나 무슨 일이든 잘 안 되면 바로 체념을 했다. 집이 날아갔으면 도둑맞은 것보다 낫다고 생각하고 몇 억을 사기 당했다 해도 내가 병이 든 것보다 낫다고 생각하며 모든 걸 그렇게 체념하고 긍정적으로 생각하니까 마음에 평화가 왔다.

보통사람들은 그렇게 잘 믿다가도 어려운 일이 생기고 해결이 안 되면 낙심을 하는데 나는 인생에 어려운 문제에 부딪혀 고난을 겪게 되면 그 위기를 계기로 하여 성숙한 믿음으로 한 단계 더 하나님과 가까워졌다.

"나 여호와가 의로 너를 불렀은즉 내가 네 손을 잡아 너를 보호하며 너를 세워 백성의 언약과 이방의 빛이 되게 하리니.(이사야서 42장 6절)"

스리랑카 의료봉사활동(나는 왼쪽)

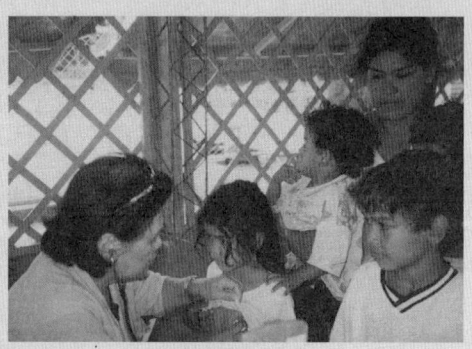
라오스 의료봉사

위구르시 의료봉사활동

캄보디아 할머니를 진료 중

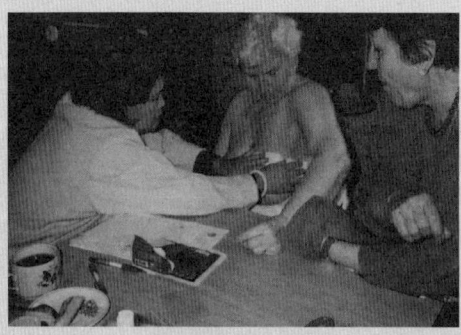
러시아 의료봉사활동

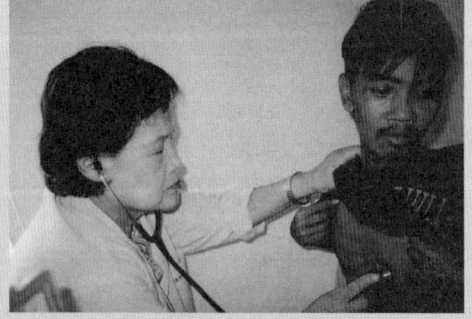
필리핀 의료봉사활동

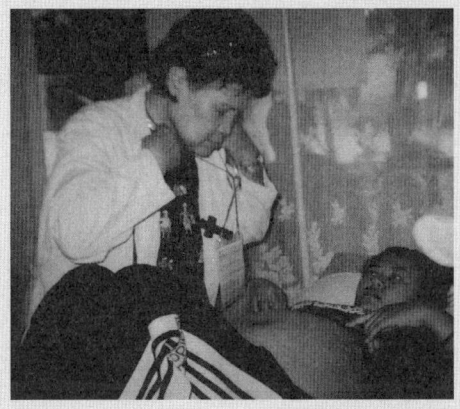
인도네시아 의료봉사활동

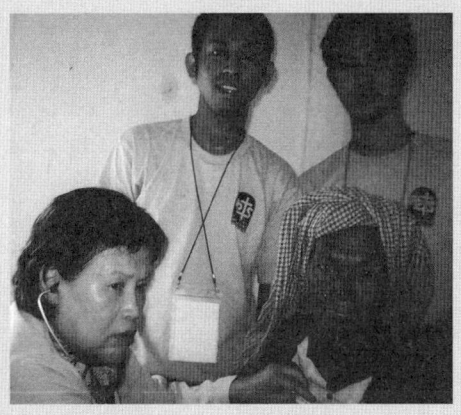
에티오피아 의료봉사활동

제 10차 캄보디아 의료선교(앞줄 왼쪽에서 네 번째가 나)

에티오피아 의료선교 활동(나는 오른쪽에서 세 번째)

인도네시아 의료선교 활동(나는 왼쪽에서 두 번째)

라오스 우돔싸이 의료선교
통역하는 현지인 내과의사와 김민수 정형외과 의사와 함께

2013 필리핀 무료진료(앞줄 왼쪽에서 네 번째가 나)

2013 필리핀 무료진료(나는 오른쪽에서 두 번째)

몽골 국립중앙종합병원 앞에서
전광철 원장님과(나는 왼쪽)

2016 네팔 의료선교(나는 한가운데)

그린닥터스 활동과 개성협력병원 운영

 2007년부터 나는 개성공단 남북 협력병원 진료를 맡았었다. 나의 남은 목표를 물어보는 기자에게 나는 이렇게 말했다.
 건강한 평화통일의 물꼬를 트기 위한 이들의 의미 있는 행보가 경색된 남북관계를 완화시키고 보다 나은 내일로 나아갈 수 있는 마중물이 될 것이다.
 그런데 개성공단 내 남북협력병원에서 2007년부터 3년간 남측 의료진과 북측의료진이 공동으로 협진을 진행하던 중 종합병원을 짓기 위한 땅 3천 평을 마련했지만 5·24조치로 인해 진료를 이어나갈 수 없게 됐다.

 그린닥터스는 자연재해나 긴급의료 구호 체계가 필요한 의료 낙후지역, 해외의 긴급재난지역, 북한 동포에 이르기까지 전 세계에 의료 자원을 파견하여 사랑을 베풀고 봉사와 인류 구원을 실천하기 위해 설립되었다.
 지성웰빙의원 원장으로 있으면서 그린닥터스 서울지부의 공동대표가 된 나는 그동안 중국 쓰촨성 지진과 미얀마 쓰나미 재난 때도 의료팀을 가장 먼저 파견하는 등 큰 역할을 감당해야 했다. 베풂과 나눔의 미덕으로 고통받는 이웃을 돕는 일은 국가발전을 위한 참된 봉사의 길이라고 생각한다.
 소망교회 의료선교부 해외무료진료를 위해 출국하여 캄보디아,

개성협력병원

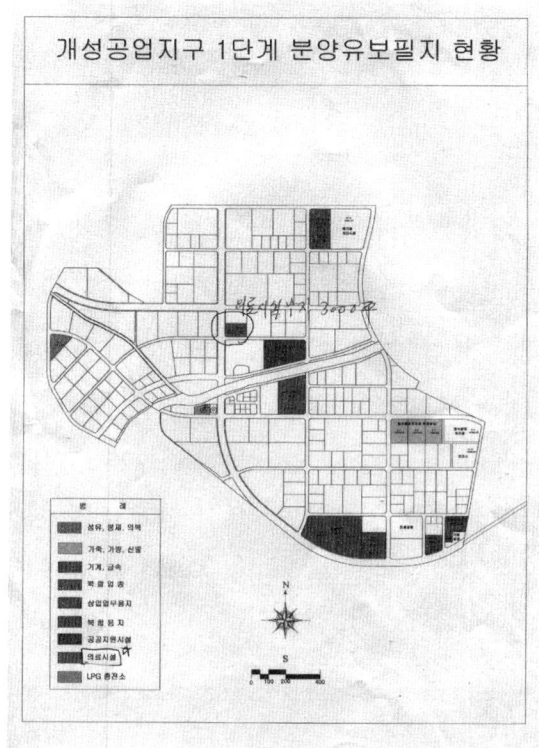

프놈펜에서 의료선교활동을 하고 라오스 북부 우둠싸이에 있는 원주민들을 상대로 진료봉사를 하기 위해 정형외과 김민수 선생 및 소망교회 해외선교부 단원들과 함께 했다. 이 지역에 무료진료를 시작한 건 2004년부터다.

북한도 예외는 아니다. 100년 전 서양의료 선교사가 문맹퇴치와 의료시설로 생명을 구했듯 의료봉사를 통해 통일의 지름길을 만들고자 하는 것이었다. 2005년부터는 개성공단 남북협력병원 진료를 맡고 있기도 하다. 6·25전쟁 직후 국제사회로부터 많은 경제 지원을 받은 국가로서 더 어려운 국가에 이를 되돌려준다는 마음가짐으로 개성지역에 위치한 제3차 종합병원에 의료지원을 하고 응급환자를 위한 '남북통일병원'을 건립하는 등 통일에 일조하는 의료봉사에 매진했으나 모든 것이 5·24 조치로 허사로 종료되었다.

개성협력병원을 세 번 방문했다. 한 번은 한민족대표로 평양을 다녀왔고 그린닥터스 실크로드 대장정의 출발점도 개성이었다. 서울지회의 설립과 더불어 북쪽에서 진행해야 할 더 많은 일과 과제들이 주어졌다. 윤창겸 경기도의사회장과 함께 개성협력병원에 통증치료기 카복시레이저테라피 1대를 전달하고 돌아왔다.

개성협력병원은 남북의사들이 같은 병원에서 함께 진료하는 유일한 병원이다. 120평 규모인데 남쪽이 40평을, 북쪽이 40평을

2005년 평양 만경대 보위국지도자와 안내원과
(남북합동개천절 행사에 한민족 여성대표로 참석)

개성협력병원, 문정임 보건복지 상임위원과
(나는 왼쪽에서 세 번째 문정인 위원은 왼쪽에서 두 번째)

나눠 쓰고 나머지 40평은 공동공간으로 활용한다. 소망교회 김지철 목사님께 부탁하여 치과진료대를 최신 3,500만 원 규모로 제작하여 보내고 남광영 장로님(치과의사)이 일주일에 한 번씩 가서 진료하고 치과기술을 가르쳤다.

  이밖에도 진행하고 싶은 일이 있다면 먹을 것을 전파하는 역할을 한번 해보고 싶다. 맛있는 빵을 먹을 때마다 그쪽 사람들이 생각난다. 개성에 아담하게 베이커리를 하나 운영할 수 있다면 정말 좋을 것 같다. 아이들에게 맛있는 빵을 나눠줄 수 있다는 생각만으로도 행복해진다. 개성에 갈 때 초코파이를 가져간 적이 있는데 나눠주기도 전에 순식간에 없어졌다.

조선족 심장병어린이 데려와 수술해주고 보내는 날(나는 오른쪽)

2007 고구려 의료대장정

사도행전 1장 8절에 보면 예수님께서 승천하시기 직전 말씀하시기를 "오직 성령이 너희에게 임하시면 너희가 권능을 받고 예루살렘과 온 유대와 사마리아와 땅 끝까지 이르러 내 증인이 되리라 하시니라." 하셨다.

나는 지도를 펴고 2005년부터 그 땅 끝을 찾으려 했다. 우선 2005년 평양에 초청되어 방문했을 때, 2007년 개성에 가서 5년 동안 진료하며 이곳이 바로 땅 끝자락임을 깨달았다. 지금도 1950년 6월 25일 모두 납치된 우리 외할아버지의 후손들의 그림자라도 찾고 싶었고 더 나아가서 통일의 마중물이 되고 싶은 심정이다.

북한에서는 민물고기를 먹기 때문에 회충, 간, 폐디스토마 등의 고지혈증이 많으며 의료진료 시스템이 열악하여 단순 골절환자의 환부를 절단할 정도로 의술이 낙후된 상황이었다. 이들을 돕는데 제약회사 등 관련 사업자들과 주변 많은 분들의 도움으로 어려움들을 극복할 수 있었다.

북측 고위간부들의 요청으로 그린닥터 개성병원 4주년 기념행사 및 남북고위 회담차 북한을 방문한 적이 있다. 승용차로 서울역 광장을 출발해 유례없이 직접 육로로 이동, 개성공단에 도착했다. 북측의 땅에서 시작된 검문에서는 잠시 경색된 분위기가 연출되었다. 내 차의 트렁크에서 이명박 대통령 팜플렛 등의 문서가 발견되어 압수 당했다. 그러나 북측고위간부들의 친절과 감사의 말을 듣고 눈시울이 뜨거워졌다. 북측에서는 내가 한나라당의 중요인물인 것을 알고 귀한 만남의 자리에서 일어난 내용을 대통령에게 잘 전해주기를 바랐고 고령의 나이에도 이렇게 직접 와줘 너무나도 감사하다는 뜻을 전했다.

그린닥터스는 병원을 합칠 때도 두 가지 조건을 달았다. 하나는 병원 운영을 전적으로 남측에 맡길 것과 또 하나는 당이 관여하지 말 것이었다. 개성단지 내에서도 늘 굳게 닫혀 있던 남, 북 진료소의 문은 그 날 완전히 개방되어 개성근로자들까지도 자유롭게 넘나들 수 있었다.

'죽으면 죽으리다.'라는 각오로 아무도 가지 않는 개성공단, 평양을 오가며 북한 주민의 건강과 그들의 삶의 질 향상과 신앙생활을 할 수 있기를 그리고 생지옥 같은 이 나라가 영적인 믿음생활로 천국이 되도록 최선을 다해 여생을 기도하며 노력하리라.

소외계층을 위한 의료복지의 파수꾼,
한빛대상 수상

2009년부터 전국을 돌며 한센인을 위한 의료봉사를 펼친 공로를 인정받아 2011년 12월 13일 보건복지부 주관의 한센인 후원회 밤에서 '한빛대상'을 수상했다. 한센인의 권익보호와 복지증진에 기여한 공로에 대한 한빛재단의 감사표시였다. 한빛복지협회는 시상식에서 "문용자 박사는 지금까지 대한의협 사회협력단의 한센인 의료봉사활동의 리더로서 적극적으로 인술을 펼치고 투철한 사명의식과 봉사정신으로 한센인의 복지증진에 많은 노력을 했다"며 수상자를 선정하게 된 배경을 밝혔다. 진정 좋아서 한 일인데 상을 받게 되어 감사하고 어깨가 무거웠다. 한센인에 대한 부정적인 인식과 편견을 해소하는 일의 가치에 향기가 담겨 무척 행복했다.

지난 2009년 2월, 경기도 남양주의 한센인 마을 '성생농원'을 시작으로 전북 익산, 강원도 대명농원, 충북 청원군 에버그린농원 사회복지센터, 안동 성좌원, 전남 나주의 효혜농원, 김제 신안농원 등 한센인을 위해 봉사해 왔다. 지금으로부터 약 40년 전 1970년대 박정희 대통령이 처음 이룩한 정착촌은 현재 전국 89개가 있다.

초창기 남양주 한센인 마을을 찾아갔을 때 그들은 사회에 대한 반항심으로 힘들어했고 한 맺힌 눈물을 흘렸다. 세상에 인간으로 태어나서 그토록 아픈 몸으로 사회로부터 격리되어 살아가는 그들의 모습에 마음이 아렸다. 코가 내려앉아 숨을 못 쉬고 입이 돌아가 말을 제대로 못 하는 그들에게 눈을 맞추고 환한 미소를 건넸다. "건강하시네요!" 하며 악수를 건네기도 하고 껴안아주기도 했다. 그들과 마주 앉아 대화하고 세상으로부터 상처받아 다친 마음을 어루만져줄 때가 무척 보람된 순간이었다.

전북 김제 한센인 마을에 찾아갔을 때 너무나 큰 감동을 받았다. 지난 2년 동안 7개의 중앙 정착촌을 갈 때마다 그곳에 있는 종합병원 각과 의료진들과 협진했다. 특히 익산에 개업하신 김영신 신경정신과 박사님께서 나주에 갔을 때 상처받은 한센인들을 일일이 붙잡고 기도하며 위로해주었다. 그분들이 내과적인 질환으로 나를 찾아올 때 감사의 뜻으로 고구마를 가져왔다. "이렇게 구부러진 손가락으로 농사지을 수 있다는 것이 얼마나 감사한 일입니까."라고 말하며 모닥불에 구운 고구마를 손수 정성스럽게 벗겨서 내 입에 넣어주는 한센인의 따뜻하고 순수한 마음에 가슴 뭉클함을 느꼈다.

내 나이를 알고 놀라던 그들은 내가 고령임에도 버림받고 소외된 사람들을 위해 찾아와 줘서 너무나 감사하다고 말했고 나는 그런 그들의 모습에서 보람을 느꼈고 가슴이 뭉클하고 눈시울이 뜨거워졌다.

1980년대 이전까지 한센병은 유전이라는 해석으로 한센인 남성은 정관수술을 시켰다. 따라서 결혼한 한센인 부부는 아이를 낳지 못했다. 하지만 80년대 이후 한센병은 유전이 아닌 전염성으로

김영 박사(오른쪽)와 한센인 정착촌 의료봉사

밝혀져 아이를 낳을 수 있도록 허용했지만 거세당한 한센인들은 후세를 낳지 못하는 뼈저린 상처를 안게 되었다. 그들은 한센병에 걸린 것만으로도 천추의 한을 갖고 있는데 2세를 낳지 못하고 죽어야 한다는 사실에 참으로 서글퍼했다. 세상에 내 흔적이 어딘가에 살고 있다는 것만이라도 느끼고 싶다며 눈물을 흘리는 그들을 보면 가슴이 먹먹했다. 또한 80년대 이후 아이를 낳자마자 떠나보내야 했던 부부들은 2세들을 향한 진한 그리움을 가지고 있었다. 유전병이 아니라 전염병이란 것을 알게 되어 그렇게 떠나보내곤 했다.

북아해사랑단

사단법인 북아해사랑단(회장 문용자, 총무 유례, 이사장 김윤하 목사, 상임고문 유신일 교수)은 북한을 포함한 사회주의 체제의 경험이 있는 북방 지역의 청소년들을 대상으로 교육, 선교를 하기 위해 설립된 기독교 단체이다. 특히 연변 평양과학기숙대학(총장 김진경)을 통해 북한 어린이들을 돕고 있다.

2015 북아해 사랑단 한반도 통일국제컨퍼런스

2002년 나진, 선봉에 90억을 들여 소망교회 김수복 권사님과 김수길 장로님이 유치원을 건립하기 시작했는데 10년이 지나도 완공이 되지 않았고 두 분 다 돌아가셨다. 소망교회에서는 그 후에도 계속 500만 원씩 보내고 연변과학기술대학원을 통해 우유와 생필품 등을 보내다가 결국 중단되었다. 2013년 나의 맏딸 신혜정이가 예술의 전당 IBK챔버홀에서 피아노 연주회를 하여 1,200만 원을 모아 북한 어린이 돕기 기금을 전달했다. (Liszt와 함께 떠난 순례 여행)

2005 한민족대표로 평양 방문 고려호텔 앞에서(왼쪽 끝이 나)

대한의사협회와 화이자 국제협력 시상식

한국여자의사회 2015 총회, 이길녀 총장님과(왼쪽 두 번째가 나 세 번째는 이길녀 총장)

2013년 호주에서 열린 세계여자의사대회에 참가(나는 왼쪽에서 두 번째)

한반도 평화통일 특별전
한글세계평화지도 기증식
(나는 왼쪽에서 두 번째
가운데는 조경태 의원)

2013년 독일 여의사들과
'내적 통합 : 독일과 한국의
공동 도전과제' 심포지엄에서
독일 여의사들과

2013년 '한국을 빛낼 인물'
대상 수상 남편과 함께

2014년 의료계 신년하례회(가운데 모자 쓴 사람이 나)

밀알공동체 설립하다

　1980년 9월 어느 날 현대의원으로 급한 왕진을 청하는 벨소리가 울렸다. 얼른 준비를 하여 압구정동 현대아파트로 가보니 환자를 눕혀놓고 5-6명이 엎드려 기도하고 있었다. 기도 인도자는 바로 밀알선교 창시자인 미국 L.A의 권안나 목사님이었다. 내가 환자를 진료하고 나서 "저도 기도 좀 해주세요." 하고 목사님 앞에 머리를 숙이자 큰 소리로 방언기도를 해주셨다. 미국교포들이 100달러 씩 헌금하여 모은 돈으로 한국의 시골교회를 개척하는 밀알선교 모임의 목사님이었다. 초교파적 그 첫모임이 소망교회 밀알공동체로 연결되어 현재까지 15개의 시골 미자립교회를 돕고 있다.

　1회 회장은 조문자 권사, 2대 회장은 내가 했는데 1년에 2번씩 미국에서 권 목사님이 나오시면 각 가정에서 돌아가며 예배를 드렸다. 1982년 논현동에 있는 우리집 현대빌라 기공식 때 목사님을 모시고 예배드린 바로 그 자리가 밀알선교 예배처소가 되도록 기도하여 10여 년 간 참으로 은혜로운 기도처소가 됐다.

　밀알공동체 회장에 취임한 내게 첫 월례회를 대전 공동체에서 합동으로 한다며 간증을 해달라고 했다. 전날 종일 환자를 보고 수요예배와 가정예배까지 드렸는데 아침에 허리가 몹시 아파 일어날 수가 없었다. 택시를 타고 국립의료원 조덕영 정형외과 과장님께 진료를 받아보니 요추 3-4번 디스크이며 수술 후 3주 정도 '안전입원가료' 해야 한다는 진단이 나왔다. 그날 오후 2시에 열리는 대전 간증 집회에 못 간다고 연락한 후 우리집 기도실에 가서 통곡하며 기도했다.

"하나님! 3주가 아니라 3분도 쉴 수 없는 저의 입장을 잘 아시면서 이런 시련을 주십니까?" 하고 부르짖고는 지성병원 앰뷸런스를 부르고 소망교회 철야 팀을 오라고 해 "기어서라도 대전에 가겠다. 간증은 못해도 기도라도 하겠다."고 서둘러 대전으로 떠났다. 나 대신 선우 권사님(대전지회 밀알회장)이 말씀하셨는데 내가 10분만 간증 겸 기도를 하겠다고 앞으로 나가 의자에 겨우 앉았다. 그런데 어찌된 일인지 나도 모르게 일어서서 그들이 듣고 싶어 하던 나의 신앙 간증을 2시간이나 한 것이다. 그날 집회에서 멀쩡히 걸어 나온 이후 현재까지 한 번도 허리가 아프지 않았다. 하나님은 순간순간마다 나의 믿음과 신앙을 시험하시고 한 단계씩 올려주시는 주님이심을 확신하게 된 것이다.

그 당시 평일엔 환자 진료하고 주일엔 소망교회 고3 학생들을 가르치고 밀알국내선교를 위해 12시엔 경부선 기차를 타고 떠났다. 의료팀, 미용팀이 재봉틀까지 준비해 함께 가는데 대전에서 내려 우동 한 그릇 먹고 나면 시골교회 전도사님이 봉고차를 갖고 와서 신탄진까지 데려다 주었다. 거기서 교인들의 경운기를 타고 마을로 들어가면 3-4시가 된다. 이장이 확성기로 주민들을 모아 놓으면 이발을 해주고 한복 치마를 잠옷이나 원피스로 만들어주고 나는 환자들을 진료하고 약을 주었다. 저녁엔 동네 교회에 가서 찬양과 간증집회를 하고 서울에 오면 밤 11시, 12시였다.

"하나님, 저 힘들어서 더 이상 못하겠어요." 환자만보든지 선교만 하겠다고 엄살 부리다 잠들고 아침에 일어나면 머리를 짓누르는 듯하고 눈을 뜰 수 없을 정도로 아파 종일 진료도 못하곤 했다. 5일간 지속되는 극심한 두통으로 남편의 서울의대 동창인 최길수 신경외과 원장님에게 가서 각종 검사를 예약하고 초조한 시간을 보냈다. 내일이면 뇌종양이나 뇌혈관 폐쇄로 입원하게 될 테니 당장 기도를 받고 싶다는 절박한 생각에 성도들이 모여 성경공부를 하고 있는 반포아파트 김재창 박사님 댁으로 급히 찾아갔다.

박사님 댁에 사람들이 너무 많아 나는 현관에 있는 신을 깔고 앉아 기다렸다. 성경공부가 끝나자 김 박사님과 사모님이 이 밤에 웬일이냐며 깜짝 놀라셨다. 너무 두통이 심해 기도를 받으러 왔다고 하니 누구에게 받겠느냐고 되물었다.

"오늘 성경공부 가르치신 선생님께요."라고 대답했다. 그분은 미국서 오신 강 집사님이었는데 내과 박사님 기도를 내가 어떻게 하느냐고 하시면서 거절하시고 방으로 들어가셨다. 내가 따라 들어가 "내일 병원에 가야하는데 기도 한번 받고 싶어서 왔으니 나를 그냥 보내지 말아주세요." 하고 흐느껴 울었다. 권사님은 들어오라고 하더니 불을 끄고 내 손을 맞잡고 큰소리로 기도를 따라하라고 했다.

나는 그분이 하는 대로 방언을 따라하며 "나사렛 예수의 이름으로, 이 사탄 마귀야 물러가라! 병마야! 나사렛 예수의 이름으로 명하노니 문용자에게서 썩 물러가라! 다시는 두통으로 괴롭히지 말라!" 하고 30분간 따라했다. 진땀과 눈물로 범벅이 된 나에게 좀 어떠냐고 묻는데 나는 "좀 괜찮은 것 같다."고 하고 집으로 돌아와 자리에 누웠다.

시끄러운 전화벨 소리가 울려 잠에서 깨어났다.
"신경외과 예약 시간인데 왜 안 오세요?" 간호사의 목소리였다.
"지금 몇 시예요?"
"오전 10시 10분입니다."
'하나님! 이게 어찌된 일입니까!'
전날 밤 집에 와서 아침까지 푹 자고 그 이후 현재까지 10여년이 넘도록 두통은 나를 찾아 오지 않았다. 간구하는 나의 기도를 반드시 들어주시고 치유하시는 하나님께 어찌 내가 기도를 멈추리오.

노인들의 치료센터 '사랑요양병원'

나는 평소 가난하고 소외된 이웃들에게 인술을 베풀면서도 주변 사람들로부터는 주제넘은 짓이라는 비난과 꾸지람을 많이 받아왔다. 의사인 동시에 병원을 경영해 나가는 입장에서 돈 없는 이들을 치료하는 것이 부담될 때도 많았다. 하지만 이것은 단순히 현실적인 부분에 불과하고 나는 의사로서의 본분에 충실할 생각이며 앞으로도 어려운 이웃을 위해 나의 전문성을 활용해 나갈 생각이다. 사랑요양병원도 나의 꿈과 비전을 실현할 마지막 기회로 여기고 어려운 노인들을 위한 의료봉사에 본격적으로 나선 것이다.

1970년경 남편 신요철 박사는 열악한 영등포 지역에 종합병원을 설립하고 의료봉사를 펼쳤었다. 그 병원 6층에는 예배처소와 휴식공간을 두어 늘 기도하고 찬양하며 주일마다 예배를 드렸다. 그런 의미 있는 그 당시의 건물에는 노인들의 치유시설인 '사랑요양병원'이 들어섰다. 이 병원은 나의 의지가 고스란히 반영된 안식처이자 치유공간으로서 높은 평판을 얻었다. 영등포에서 우수한 의료진과 다양한 재활치료 시설 및 체계적 의료 서비스로 소외계층 환자 모두에게 희망과 활력을 제공한 것이다.

나는 슈바이처 박사와 같은 선교사들처럼 해외에서 봉사하다 조용히 사라지고 싶다. 특히 하버드 대학을 조기 졸업하고 시카고

대학교 경제학 박사과정을 공부하고 있는 큰 손자 사무엘이 "할머니께서 아프리카, 파라과이 등에 뿌린 봉사정신과 철학을 이어받아 인류애를 실천하고 싶다."고 말했을 때 큰 감동을 받았다.

나의 희생정신을 이어받은 자녀들 특히 목동 이화의료원 정형외과 교수인 장남 신상진 교수의 정신적인 지지와 기도에 힘을 얻고 있다. 이렇듯 작은 것에 소중함과 감사함을 느끼며 2005년도 4월에 남북보건의료교육재단을 조직하였고 건강한 남북 통일을 위하여 마지막까지 꿈을 펼치려 한다.

노인복지활동, 전국 효실버하모니카 연주대회

제8회 효실버하모니카 연주대회가 2015년 11월에 서울 여의도 국회헌정기념관 대강당에서 열렸다. 이 연주대회는 국민건강보험공단, 한국마사회, 영락교회, 영은교회, 고심정사(부산), (사)한국효도회, 동화약품, CJ헬스케어, 장수산업이 협찬했다. 화창한 가을날 개최된 이 연주대회에는 11개 팀이 연주하였으며 관중 500여 명이 관람하였다.

김무성 의원은 "어르신 여가활동으로 하모니카 연주가 필요하다. 어르신들이 편안하고 행복한 삶을 영위하도록 노인정책을 풀

2015 전국효실버하모니카 연주대회 심사의원으로 참석(나는 왼쪽에서 다섯 번째)

어가도록 노력하겠다."고 축사를 하였다. 대회장인 나는 대회사를 통해 이렇게 말했다.

"금년은 뜻깊은 광복과 분단 70주년을 맞아 그 동안 여러 어르신들이 온갖 고난과 역경을 이겨내고 조국의 민주화를 이룩한 국회헌정기념관 대

하모니카 연주대회에서 축사를 해주신 김무성 의원과

강당에서 하모니카 연주대회를 갖게 된 것은 의미가 깊다. 시대에 따라 변화지 않는 것은 '효' 문화이다. 어르신들이 행복하고 건강하게 살 수 있는 환경을 만들어 드리는 것이 진정한 효도이다. 건강하지 못한 노년은 사회적 문제이다. 건강을 위해 영양이나 운동이 중요하다. 한편 여가활동으로 하모니카 같은 악기연주를 통해 즐거운 삶을 영위하는 것이 중요하며 또한 개인의 삶의 질이 높아질 뿐만 아니라 치매와 우울증 예방에 의한 의료비가 절감되어 각 가정과 국가 경제에도 도움이 된다."

나는 지난 96년부터 서울시 전체 노인정을 대상으로 복지정책을 추진해 매월 10만 원씩의 보조금을 지원토록 했으며 토큰으로 지급하던 교통비 보조 방식도 현금으로 전환시켜주었다. 또한 노인요양병원 3개소(약 600병상) 건립에 200억 원의 예산이 배정될 수 있도록 했으며 치매노인에 대한 특별대책을 추진해 99년까지 1개소(90병상)의 치매전문병원을 건립토록 하는 등 치매 요양시설을 대폭 확충하는 노인복지 정책의 개선안을 마련했다.

에스더처럼 그리스도의 향기를 전하는 길

나는 소망교회에 출석하며 몸이 아파 입원을 하는 등 부득이한 경우를 제외하고는 쉬지 않고 40여 년 동안 금요철야기도를 하며 신앙을 다져왔다. 교회가 건축 때문에 문을 닫았을 때에는 교회 앞마당에 천막을 쳐놓고 기도를 했을 정도이다. 교회를 살리고 부흥시키는 것이 나의 생명만큼이나 소중하게 여겨졌기 때문이다.

이런 마음으로 인해 교회 일이라면 무리를 해서라도 앞장선 것이 사실이다. 교회에 자금이 필요하면 없는 돈도 만들어 헌금을 하기도 했다. 이로 인해 빚 독촉에 시달릴 때에는 교회에 가서 그저 흐느껴 울기만 했다. 어려움이 많았지만 순간순간을 이겨낼 수 있었던 것은 하나님의 은혜였다고 생각한다. 나의 기도생활과 교회 일에 대한 열심과 정성은 시아버지의 유언 때문이기도 하다. 8형제의 장남인 남편과 결혼해 맏며느리로 살게 되었으나 시댁에서 '예수 믿는다.'는 이유로 쫓겨나 혼자 집을 얻어 산 경험도 있다. 제약회사를 경영하시던 시아버지는 "예수 믿는 사람 우리집에 들어와 제약회사 다 거덜난다."며 불안해하셨다.

그렇게 핍박하여 평생을 예수 믿는다고 구박하던 시아버지는 결국 돌아가실 때 유언을 남겼다. 자신을 극진히 수발하던 나를 향해 "계속해서 열심히 기도하라."는 유언을 남기고 별세하신 것이다. 당시 장례식의 모든 과정을 교회에서 도맡아 처리해주는 것을 보고 시어머니도 교회에 다니시기 시작했다.

가끔 머릿속에 생생하게 떠오르는 사람이 있다. 이미 40년 전의 일이지만 내가 국립의료원에서 의사 생활을 할 때 영어를 가르쳐 주던 박사이다. 그 당시로서는 흔하지 않은 여의사인 나에게 그는 "이 나라의 여성계를 위해 일하라."고 말해 주셨다. 나라가 어려울 때 에스더 같은 여성들의 결집된 힘이 필요하다. 보수적인 종교계 또한 여성 성직자들이 남자들이 할 수 없는 많은 일들을 할 수 있다는 것을 깨닫고 여자 목회자들에게 힘과 용기를 실어줘야 한다. 나는 성경공부를 하고 노인복지를 하며 살고 싶었지만 하나님은 내게 다른 길을 인도하셨다.

나에게는 '여성 최초'라는 타이틀이 몇 개 있다. 여성최초 강남구 의사회 회장, 강남지역 서울시의원 등의 경력이 그것이다. 이를 바탕으로 나는 정계에 투신해 뜻을 펼쳐보겠다는 강한 의지를 갖고 일해 왔다. (사)한국여성정치연맹 서울시 회장으로 15개 지구를 창설, 여성시의원 당선에도 앞장서기도 했다. 만일 하나님이 나를 국회로 보내신다면 에스더처럼 하나님을 두려워하는 국회로 만들겠다고 말해왔다. 나는 어디서든 그렇게 그리스도의 향기를 전하는 인생을 살고 싶다. 정치적인 명예나 권세보다는 낮은 자세로 소외된 그들에게 사랑을 나누며 사는 것이 바로 내 삶의 목표이다.

의원들은 오직 시민들을 위해 봉사해야 하는 일꾼이자 행정가이다. 나는 한국 여성들의 선두에서 모진 비바람을 맞아오는 삶을 살았기에 그만큼 한국여성들에 대한 애정도 깊다. 여성으로서 좀 더 당당하고 강해지려면 세계적 불황에 도전할 수 있는 전문성이 중요하다.

한국사회에서 여성으로서 성공하기란 말처럼 쉽지 않다. '무엇이든 노력하면 된다.'라는 진부한 표현은 어쩌면 요즘 우리 사회의 여성에게는 무의미하게 들릴지 모른다. 그런 우리 사회의 핸디캡을 극복하고 당당히 자신의 능력을 발휘하는 대표적 인물로 내가 인정받기까지는 아마도 여성의 본분에 충실하려고 노력했기 때문이 아닌가 싶다. 끊임없이 의식개혁이 이뤄지지 않고는 여성계의 염원은 실현될 수 없다. 먼저 여성 지도자들은 자기 몸을 가꾸는 데 시간을 보내지 말고 지식을 습득하고 이웃을 위해 봉사하는 데 앞장서야 한다. 하버드 대학교수가, 캄보디아의 여성국회의원이 운동화를 신고 배낭차림으로 뛰어다니는 모습을 보면서 우리의 모습도 많이 바뀌어야 한다고 생각했다.

"또 그들에게 하나님의 선한 손이 나를 도우신 일과 왕이 내게 이른 말씀을 전하였더니 그들의 말이 일어나 건축하자하고 모두 힘을 내어 선한 일을 하려 하매(느헤미야 2장 18절)."

자랑스러운 이화 의인(醫人) 박에스더상 수상

1961년 이화여대의과대학을 졸업한 나는 55년이 지난 2016년 '자랑스런 이화 의인(醫人) 박에스더상'을 수상했다. 수상자가 6년 동안이나 공백이 있었던 만큼 이번 수상의 의미는 특별하다. 나는 수상하는 자리에서 이렇게 말했다.

"이번 수상은 나에게는 반성이자 깨달음의 기회였다. 얼마전 인기리에 끝난 텔레비전 드라마 '태양의 후예'에서 여의사 강모연에게 남자 주인공이 하는 말이 떠오릅니다.

"당신은 당신이 해야 하는 일, 즉 의사로서 해야 하는 일을 하세요."

박에스더상 수상을 축하하는 두 딸들과

박에스더상을 수상한 나를 축하해주러 온
이화여대 김승철(오른쪽) 의료원장과 유경하(왼쪽) 병원장

박에스더상 수상을 축하하는 소망교회 심야철야기도 팀과

비록 드라마지만 주인공이 30대 여의사에게 하는 대사는 산수(傘壽)를 바라보는 의사에게도 큰 울림을 주었다. 의사로서 그간 숱한 일들을 진행해 왔지만 정작 의사의 손길이 절실히 필요한 현실과 모순된 의료정책 등 제도적인 쟁점에는 소홀히 한 것이 아니었는지 부끄러움이 앞선다. 이 수상을 계기로 더 가까이에서 더 가까운 사람들과 더 의미 있는 의술을 함께 공유하며 상호 배려하는 모습으로 행복을 나누겠다는 각오를 한다. 이 때늦은 각오를 하나님께서 수상의 영광으로 주셨음을 믿으며 다시 한 번 감사드린다."

수상의 기쁨보다 개인적으로 아쉽고 부족했던 반성이 먼저 떠오르는 것은 아무래도 내게 과분하고 벅찬 상이기 때문일 것이다. 이화여대 의과대학을 졸업한 것이 1962년이니 벌써 55년이 지났다. 그 긴 세월 동안 강남구 의사회장, 소망교회 개척과 함께 전국 유일의 강남지역구 선출직 시의원으로 집권여당 중앙위 보건복지 상임위원장으로서 보건의료현안 문제해결에, 그린 닥터스 상임대표로 개성공단 남북 의료협진과 함께 대한의사협회 고문 등 직접 환자를 만나고 돌보는 일뿐만 아니라 우리 의사들의 국가적, 사회적 책임과 책무를 다할 수 있는 일들에 앞장서곤 했다.

하지만 돌이켜보면 정작 가까이 있는, 당장 의사의 손길이 필요한 오늘의 현실정책 등 제도적인 쟁점들에 소홀한 것은 아니었는지 부끄러움이 앞선다. 한국 최초의 여성병원인 보구여관(普救女館)에서 10개월 동안 3,000명의 여성 환자들을 치열하게 치료하며 고통을 함께 나누다가 과로와 폐결핵으로 35세에 요절하신 박에스더 선생을 떠올리면 더욱더 그런 생각이 든다.

　우연찮게도 나는 이번에 수상한 자랑스런 이화인의 '박에스더 상'의 주인공 박 에스더 선생과 비슷한 삶을 살아왔다. 박 에스더 선생은 서울 정동에서 딸만 넷인 아주 가난한 집안의 막내딸로 태어났다. 나 역시 대구시 달성군 현풍의 유복한 가정에서 태어났으나 14세에 6·25전쟁을 경험하며 불우한 어린 시절과 사춘기를 보냈다. 또한 박 에스더 선생과 나의 가정 모두 기독교 가정이었다. 본명이 김점동인 박 에스더 선생은 1981년 세례를 받으며 '에스더'라는 세례명을 받게 되었다. 나 역시 어머니가 호주 선교사로 부터 전도를 받아 내게 전해 주신 신앙과 지금의 내가 있게 된 과정에는 하나님의 은혜가 크다고 생각한다.

　우리 이화여대 의과 동창회에도 미안함을 감출 수 없다. 나의 오늘을 만들어준 은인은 동료와 스승, 동창회이다. 졸업 당시 이화를 떠나지 말고 계속 임상교육을 받으라는 내과 윤해병 병원장님의 말씀을 뒤로한 나는 좀더 선진의료시스템을 갖춘 국립의료원 수련과정을 이수하고 싶었다. 그렇게 세계를 향한 꿈과 비전을 갖고 의료선교활동을 하는 것이 의예과 때 '직업과 여성' 시간에 듣던 김활란 총장님의 주옥 같은 교훈이었다. 바로 그 길이 '국가를 위해, 민족을 위해'였다는 생각에 모교를 좀더 잘 살피고 헌신하지 못한 것이 못내 아쉽기만 하다.

　그러나 늦었지만 지금부터라도 여의사들의 권익이 보호되고 환자가 존중받는 세계적인 마곡병원이 2018년 탄생되는 그날까지 주님께 기도와 간구로 열과 성을 다해 물심양면으로 협조하려 한다.

이번 수상을 계기로 나는 새로운 출발점에 서게 되었다. 더 가까이에서 더 가까운 사람들과 더 의미 있는 의술로 함께 행복을 나누리라는 각오 앞에 서게 되었다. 나의 이 때늦은 각오는 "내게 능력 주시는 자 안에서 내가 모든 것을 할 수 있느니라(빌립보서 4:13)"라는 말씀으로 일평생을 용감하게 살게 하신 전능하신 하나님께서 수상의 영광으로 주셨음을 믿으며 모든 분께 감사드린다.

최근 경영난으로 힘겨운 평양과기대 내의 의학부(의대졸업생들의 대학원) 설립을 통해 보건의료인의 교육과 훈련으로 한반도 평화통일의 마중물이 되는 것이 나의 희망이며 가장 큰 소원으로 삼고 있다. 하지만 개인적으로는 일평생 앞만 보고 달리느라 가족에게 좀더 신경을 쓰지 못해 아쉽다. 남편의 꾸준한 외조에 감사를 드리고 우리 가족이 각자 전문분야에서 건강하고 활발하게 활약하는 데에는 하나님의 전폭적인 가호가 있어 가능했다고 생각한다.

지하철공사 시찰과 문제점

　강동구 보라매병원 정문 9호선 지하철 공사시찰을 요청받아 서울시 도시기반시설본부 이정화 도시철도국장 및 지하철 시설제반 10여 명의 전문공무원과 강동구 교통전문시의원과 함께 9호선 23번째 전철역 현장 지하 15m까지 내려가서 2018년 10월에 준공될 923공구 시찰차 철저한 시공관리 현황을 감독했다.
　2016년 5월에 2호선 구의역에서 발생한 스크린 도어 사고로 19세 청년이 사망하고 제2의 희생자가 또 생겨났다.
　지하철 개폐문을 Screen-R. F System을 중단하고 Auto System으로 할 것을 다짐받았다. 특히 너무나 잦은 Metro 사고 문제는 여기에 있었다고 본다. 1995년, 지형이 우리나라와 비슷한 독일제를 구입하지 않고 대신 산이 없고 넓은 평지로 된 프랑스에 적합한 프랑스 Metro를 도입한 것이 바로 그것이다. 독일에서 나온 기차를 구입하지 않고 외형만 보고 구입한 것이다. 공무원의 근시안적 통찰력 부족 문제는 언제 끝날 것인가.
　그 당시 서울시의원이었던 내가 철저히 반대했으나 뜻을 이루지 못했다. 오늘날 이렇듯 잦은 사고 소식을 들을 때마다 나의 심정은 참담하기만 하다. 과연 이 문제를 어떻게 해결해야 할까. 근본적인 문제를 해결하지 못하고 현 시장 및 집행부만 계속 원망할 수는 없지 않은가.

서울시의정회 지하철 923공구 현장방문(앞줄 가운데 앉은 나)

남북통일의 미래를 여는 씨앗,
보건의료협력의 물꼬를 트다

(사)남북보건의료교육재단은 보건의료교육을 매개로 남북한이 소통하며 건강한 통일을 준비하는 데 기여하고자 설립된 통일부 등록 사단법인이다. 내가 이사장을 맡고 있으며 2015년 6월 8일 재단 이사회를 조직하여 통일부의 승인을 받아 전 고대병원장 김영훈 교수, 전 이화의료원 원장 겸 부총장 이순남 교수, 전 통일부 홍양호 차관 등 열 분의 설립이사를 모시고 운영위원회를 조직하였다.

우리 재단의 주요사업은 북한의 보건의료사업 및 교육시설 운영지원사업, 통일보건의료인력 육성, 남북한 보건의료 교류를 위한 국내외 네트워크 협력사업, 통일보건의료 학술연구사업이다.

그간의 남북한 교류협력이 일시적·단기적·인도적 지원에 머물렀다면, 이제 남북한 보건의료인들의 교육을 통해 지속 가능한 남북한 교류협력의 새 여정이 시작된다. 북한 보건의료 인력들의 교육, 훈련, 연구를 지원하여 그들 스스로 북한의 보건의료수준을 높이도록 돕고, 우리 역시 환자를 친족같이 대하자는 북한식 정성의료의 정신 등을 배워나가며 건강한 통일을 준비하는 데 앞장서서 나아갈 것이다.

1년이 채 안 된 기간 동안 한국보건의료학회와 함께 '남북보건

2015년 남북보건의료교육재단 설립 기념식에서 축사

고려대 일반대학원 통일보건의학협동과정 개설기념
-통일보건의학 남북보건의료 교류협력 심포지엄에서 축사

의료 인력개발'이라는 제목으로 심포지엄을 개최했고 사각지대에 머무는 전국의 외국인근로자, 다문화가족 및 소외된 탈북자들을 위한 종합검진, 무료진료행사를 한국여자의사회와 함께 진행하기도 했다. 하나반도의료연합과 협력 세미나를 개최하며 '통일의료역군 발대식'도 가졌다. 남북보건의료교육재단의 목표는 남북한의 원활한 평화통일을 위해 보건의료인을 교육하고 준비시키는 일이다.

그 동안 한국은 북한의 의료산업발전을 위해 다양한 시도를 해왔지만 지속 가능하게 남아 있는 모델은 전무하다. 이에 우리 재단은 모든 방법을 동원해 북한의료인을 교육시켜 그들 스스로 북한주민들의 건강을 돌보고 의료선진화를 위해 나설 수 있도록 여

남북보건의료교육재단 워크샵(앞줄 오른쪽에서 세 번째) 나)

러 각도로 지원하고 있다. 또한 탈북의료인들을 재교육해 한국 사회에서 이들이 소통할 수 있는 반경을 넓혀주고 있다.

우리 재단은 창립 후 의미 있는 길을 걸어왔다. 이미 우리 안에 들어 온 탈북의료인들과의 식탁 나눔 및 멘토링, 통일 한반도를 선도할 통일보건의학 대학원생들에 대한 장학금 지급, 통일의제의 범시민 인식제고를 위한 '통일보건의료포럼'의 정기개최, 건강한 통일을 위한 몸, 맘, 영, TALK가 어우러지는 콘서트 그리고 황폐해진 북한의 보건의료를 재건하기 위한 노력 등 보건의료를 통해 남북분단이라는 시대의 아픔을 극복하고자 노력해왔다. 갈수록 더욱 절실한 것은 비정치적 영역의 교류협력이며, 보건의료가 막힌 담을 헐고 화해의 물꼬를 여는 소중한 통로가 되리라 믿는다. 그 동안 상황을 탓하고, 난관을 얘기하며 입으로만 외치는 사랑에 머물러 있었다. 이제 우리는 보건의료교육을 통해 지속 가능한 교류협력의 새 여정을 시작해야 한다. 단기적인 약품과 장비 제공처럼 직접 고기를 주는 방식의 한계를 극복하고, 북한 의료인들에 대한 교육지원을 통해 그들 스스로 고기를 잡도록 도와주어야 한다. 그 과정에서 우리 역시 북한 보건의료인들의 환자에 대한 정성과 노력을 배울 수 있을 것이다. 재단을 통해 많은 협조와 동참을 바라며 우리는 70년 분단의 아픔을 치유하고, 남북대화와 소통의 채널이자 남북한 의료격차 및 통일 비용의 감소 그리고 남북한 의료통합과 국민화합의 귀중한 마중물의 역할을 해야만 한다.

우리 재단의 핵심 사업은 평양보건의료대학 의학부 설립이다.

그래서 30억을 모금하여 의학부를 설립하였지만 최근 남북관계가 경색되어 그 사업 대신 3만여 명의 탈북자들 중에 의료인들을 교육하고 있다. 교육의 효과를 극대화할 의료현장도 확보되어 있다. 치과대학과 의과대학의 경우 평양과기대 의학부 부속병원으로 지정된 평양구강종합병원과 김만유병원에서 임상교육이 예정되어 있으며 그 외 간호대학, 보건대학, 약학대학 등도 2017년까지 확보해나갈 예정이다.

  북에 있는 우리 동포들이 고생하는 것을 보고 돌아와 그들을 생각하면 눈물이 흘러 시야가 흐려지곤 했다. 어려운 형편에 추운 겨울을 지낼 동포들을 생각하면 가슴이 아팠다. 왜 내가 새벽 미명을 뚫고 방북증을 받지 못한 동료의사를 뒤로하고 혼자 운전하여 자유로를 통해 판문점을 지나가야 하는지 답답한 마음이었다. 북이 하루빨리 국가 존립의 최우선 조건인 자유민주주의 가치인 건강한 안보의식을 공유하게 되기를 기도하였다.
  국가의 정책 방향에 대해서는 불을 끄는 정책보다는 과거 실패한 정책을 재정비하여 대한민국이 세계를 향한 G20정상회의의 의장국가로서 '원조 받던 나라에서 원조를 주는 나라'가 된 세계 유일의 국가인 만큼 북한 주민의 문제에 대한 해결책을 하루속히 만들어야 하며 우후죽순의 종교단체 도움은 중단해야 한다고 생각한다.

민주평화통일정책 자문위원회 상임위원

동독 주민들은 자유롭게 서독, 주변 유럽지역을 방문하여 민주주의 체제를 경험했다. 이렇게 꾸준히 왕래가 이루어졌던 동, 서독의 장벽은 허물어졌다. 통일 문제는 정부당국자들의 것만이 아니다. 민간단체 차원의 교류가 반드시 필요하다. 우리나라는 정치적 체계가 다르고 일관성 있는 민간단체 및 종교지도자들의 신앙적인 인내심과 꾸준한 노력이 절실하다. 지금 이 나라에는 '민주평화통일정책 자문위원회'라는 훌륭한 민간통일단체가 있다. 나는 여기서 상임위원으로 일했다.

민주평통 상임위원 임명장 받음(남성욱 사무총장과 함께)

민주평통 상임위원 때 강남지역과 중국 유방시와 경제 협력 축사

　민주평통의 1988년 창립부터 2014년까지 강남지역 대표 상임위원으로 활동하면서 여성분과위원으로서 탈북자를 위한 대학등록금, 생활보조, 직장알선 등을 하다 보니 상임위원이지만 대통령께 건의만 하고 실제적으로 할 수 있는 일은 별로 없었다. 통일된 전문기관의 주도하에 민간교류를 추진해야 하며 문화, 경제, 의료진료 등을 통한 정책대안이 절실하다. 그래서 직접적으로 전문성을 활용한 남북보건의료교육재단을 설립하여 통일의 꿈을 그려가며 최선을 다해 일하고 있다.

남북통일을 위한 나의 무한한 도전

아시아는 미래를 주도하게 될 것이며, 한반도는 이른바 동북아의 중심국가로서 미래 태평양시대의 주역이 될 것이다. 역사적 사명을 가슴에 품고 항상 노력하고 공부해야 한다. 남성과 어깨를 견주는 진정한 여성평등을 추구해야 한다.

나의 인생은 무한한 도전의 연속이었다. 여성리더로서 제3세계 사상의 의료혜택을 전파했으며 미혼모의 아픔을 함께 공감하고 또 의료전문가로서 북한을 방문하여 북한의 의료영양 공급실태에 가슴을 치며 통곡하기도 했다. 남편은 의료계뿐만 아니라 라이온스 국제이사로 범세계적인 활동을 했으며 노인요양병원 위탁병원인 사랑병원을 운영하며 지역주민들에게 무료 의료혜택을 나눠주고 있다.

세상에는 아직도 사랑을 갈구하다 눈을 감는 사람들이 많다. 내 나이는 사회적으로 은퇴해야 할 나이가 지났지만 하나님께서 나에게 의술이라는 재능을 주신 이유는 바로 여기에 있다고 생각한다. 내가 영원히 눈감는 그 순간까지 어려운 이들을 위해 의료봉사와 끝없는 사랑으로 노력하며 살아갈 것이다. 북한 동포의 행복한 삶을 지켜줄 수 있고 이 세상을 더 밝고 아름답게 만들어 갈 수만 있다면 여생을 더욱 노력하고 정진할 것이다.

용인 동백동에 있는
아름다운 엘림동산(기도원)

　1970년도에 천만 원을 주고 산 영등포구 양평동 1가 120번지, 남편이 운영하던 병원을 넓혀서 키워가지고 내가 운영하고, 내가 하던 웰빙병원은 남편이 운영했다. 내가 하던 지성웰빙병원은 당산동에 있는 조그마한 병원이었다. 내가 남편 병원에 출근하면서 돈이 새어나가는 것을 밝혀내고 단속하니까 직원들이 반발하여 데모를 하고 미국에 있는 우리 큰딸한테까지 전화해 항의를 했다. 그들이 우리 아들한테 말하기를 신 박사가 원장 할 때는 잘 해주셨는데 문 박사가 와서는 우리를 함부로 대하고 월급도 조사를 하고 도둑 취급을 한다고 했다.

　병원에 중요한 업무를 맡고 있는 사람들이 집이 두세 채씩 있고 우리보다 더 잘 사는 걸 알고 내가 조사를 한다니까 직원들이 데모를 하다가 버스를 몰고 논현동 우리집까지 찾아와 항의를 했다.

　아들이 말하기를 엄마가 여태까지 바르게 사신 분인데 오랜 세월 돈 벌어 남 좋은 일만 하고 빚만 남겨놨다고 한탄했다. 이러다 엄마, 아버지 너무 힘들어 안 되겠다고 병원을 갑자기 처분했다. 너무 놀란 나는 섬망증으로 입원을 했다. 내 남편 신 박사는 당뇨병이 생겼고 위암 말기 진단을 받아 입원했다.

　그 병원은 내 삶의 터전이고 거기서 일을 해야 교회에도 헌금하고 봉사활동도 할 수 있었다. 그런 병원을 갑자기 처분해 버렸다.

몇십 억이나 들여 구입한 재활기계들을 시간을 갖고 하나씩 정리
해야 되는데 갑자기 팔다 보니 제 값도 못 받고 양도소득세가 많
이 나왔다.

 지금 우리에게 남아 있는 것은 김수근 씨가 설계한 용인 동백동
에 있는 기도원이다. 25년간 거기에 등산로도 만들고 정자와 폭포
도 아름답게 꾸며놓았다. 수영장, 테니스장, 축구장도 있다. 강원
도에서 홍송나무와 바위들을 옮겨오고 충청도 담양에서 10톤짜
리 수석을 가져와 연못을 만들어 답답하면 교회에 갔다가 거기에
가서 기도하고 기도의 응답을 받는 곳이기도 하다. 85년도에 김수
근 씨가 돌아가시기 전에 설계를 했으나 92년도에 허가가 났다.
그때 내가 틈만 나면 돈이 생길 때마다 나무 한 그루씩 갖다 심어
놓고 농사도 짓고 그렇게 정성껏 가꾼 기도원이다.
 그런데 그 위쪽에 누군가 건축물을 짓는 바람에 우리 등산로와
주차장이 훼손되어 속상했는데 상대는 사과 한마디 없었다. 그래
서 내가 우리 땅을 침범하고 우리 길을 이용해 너희들이 건축을
했으면 보답은 못할망정 이게 뭐냐고 화를 내며 항의를 했다. 그
래도 묵묵부답이더니 결국 그 건축물이 부도가 나서 그 집 열채가
하나도 안 팔리고 아무것도 못 하고 있다. 그러니 이제 나는 누군
가를 미워하지도 말아야겠다는 생각이 들었다.
 건축대상을 받은 우리 기도원을 엘림동산이라 이름 지은 연유
는 출애굽기 15장에 이스라엘 400만 백성이 모세의 인도로 출애
굽 하여 사막을 가다가 엘림에 이르니 종려나무 70주, 열두 물줄
기를 보고 장막을 치고 거했다는 성경말씀을 떠올리며 짓게 되

었다.

　이제껏 운영하던 2개의 병원도 다른 직책도 다 내려놓았다. 40여 년 간 봉사했던 새누리당 당직도 내려놓았다. 10여 년 봉사해 온 서울시의원 발전연구회장도 며칠 전 후배에게 위임했다. 지금의 나에겐 오직 용인 기흥구 동백동 향림동산의 엘림동산뿐이다. 영원히 하나님의 성령이 운행하는 기도원이 되기를 바랐으며 건축사 김수근 씨의 마지막 유작인 나의 엘림동산을 강남 재벌들이 사기를 원했고 때론 지구촌 전도사님까지 갖고 싶어했으나 끝까지 내주지 않았다. 주님께서는 이것조차 버리라고 하시는 건지 내게 계속 기도원을 운영하도록 주실 것인지 기도 중에 있다.

CTS기독교TV와 'Power Christian'

 5년 전 어느 날 오후 CTS방송 PD 한테서 전화가 왔다. 약 1시간 후 카메라맨 등 3-4명이 현대의원 진찰실로 와서 환자 진료하는 나를 옆에서 찍었다. PD가 설명을 시작했다 그 당시 창립 10주년기념으로 CTS에서 Power Christian이라는 야심작을 발족하여 제1회는 대성그룹 김영훈 회장을 촬영하고 제2회는 나를 조명하려고 회사에서 기획하여 왔다고 했다. 일상생활 그대로 우리 제작진이 조용히 촬영하겠다고 했다. 하도 당황스러워 기도할 수밖에 없었다.
 '하나님! 해도 너무하십니다. 우선 나는 돈도 없고 재벌도 아니고 방송이라곤 '역경의 열매'밖에는 해본 적도 없습니다. 고은아 권사님, 정애리 권사님과 함께 방송하며 두 차례나 간증을 하여 이제는 정말 아무 할 말도 없습니다. 그저 시간만 되면 엎드려 기도하고 또 열심히 우직하게 일하는 것밖에 모르고 말도 못하고 보잘 것없는 의사일 뿐입니다.'

 그 PD가 말하길 바로 그 겸손함 때문에 여러 분의 추천을 받고 왔다고 말했다. "권사님! 소망교회 곤지암 수양관과 함께 기공식하고 건축대상을 수상한 엘림기도원을 이미 외부촬영은 했는데 권사님이 엘림동산에서 예배 드리는 모습을 촬영해야 합니다."
 하나님이 순종이 산 제사보다 낫다고 하셨으니 나는 쾌히 승락하고 촬영을 시작했다. 아침부터 종일 병원에서 진료하는 장면과

미장원 가는 것 새벽기도 가는 것 서울시의회에 가서 행사하는 것 모두 다 촬영했다. 주말엔 용인 엘림기도원에 가서 저녁 7시에 기도원을 대낮처럼 환하게 밝히고 촬영했다.

수년 전 작고하신 건축대가 김수근 씨가 약 1년을 오가며 어느 방향으로 집을 지어야 가장 햇볕이 오래, 밝게 빛이 들

남편의 회갑을 축하해 주시는 곽선희 목사님과 동백동 엘림동산 기도실에서(가운데 곽선희 목사님)

어오는지 연구하여 설계한 그 당시 엘림동산의 설계도를 보고 역시 세계적인 건축의 대가임을 실감했다고 말했다. 20년 지난 지금까지도 여전히 아름다운 Cottage(별장) 촬영을 위해 집 주인인 나까지 촬영하게 된 건지도 모른다. 힘들었지만 내 일상생활에 관한 촬영은 큰 불편 없이 잘 끝났다. 그 후 CTS 기독교TV에서 7일간 방영됐다고 한다. 나는 오직 주님의 빛을 향해 따르며 살아가니 마음이 너무나 평온하다.

최근 외면할 수 없는 이 참담한 현실 앞에서 내가 감당해야 할 무게가 만만치 않다. 그러나 이럴 때일수록 우리 성도들이 말씀과 기도로 합심하고 무장하여 국가와 국민을 위해 사악한 사탄을 물리치도록 해야 한다고 외치고 싶다.

보건의약단체 사회공헌협의회
창립 10주년 기념 포상대상자로 선정

2016년 6월 3일 나는 유시민, 진수희, 전재희, 임채민, 문형표 전 장관과 노연홍 보건복지부 실장과 함께 보건의약단체 사회공헌협의회 창립 10주년 기념 포상대상자로 선정되어 감사패를 받았다.

또한 6월 17일에는 보라매 병원 정문 9호선 전철역 시공시찰 및 보건의약단체 10주년 기념행사에서 의료진대표로 감사패를 받았다.

중국 상해시 동방미곡(Oriental Beauty Vally) 산업단지 조성

2016년 1월 29일~30일 중국 상해시 봉현구에서 봉현구와 중국치파오 문화금융총회가 공동 주관한 동방미곡(東方美谷) 산업단지 조성 착수식을 했다. 봉현구가 상해시와 중국 정부의 지원하에 봉현구를 미국 샌프란시스코의 실리콘 밸리처럼 미용, 건강, 의료, 문화산업 등 분야의 21세기 세계적인 산업단지로 조성하겠다는 것이다.

이 행사에 중국 국내 각계 대표들은 물론 미국, 일본, 대만, 홍콩, 마카오 대표 등 약 100명이 참석하였으며 16개 중국 국내외 언론들이 취재를 했다. 한국에서는 나와 유신일 교수가 한국의 기업 대표들과 함께 참석했다. 나는 이날 한중경제홍보대사 임명장을 받았다.

나는 그 자리에서 말하길 한국이 경쟁력을 갖고 있는 한류산업과 동방미곡이 상호 협력할 경우, 관계 분야의 한중경제협력은 상호 이익을 창출하는 좋은 합작이 될 것이라고 말했다.

한국의 선진 의료 시스템이 이 지역에 진출함으로써 이를 계기로 13억 인국의 중국 의료시장을 공략하는 좋은 전략이 될 것이라고 생각한다.

(사)남북보건의료교육재단
고려대 일반대학원에 통일보건의학과 개설

2016년 10월 6일 (사)남북보건의료교육재단에서 고려대학교 일반대학원에 통일보건의학과 개설 기념공동심포지엄을 개최하였다. 나는 축사를 통해 이런 취지를 전달하였다.

올해로 분단 71년이다. 미래 세대들에게 이 비극의 유산을 물려줄 수는 없다. 미래를 위한 새로운 모색이 필요하다. 북한의 5차 핵실험 이후 남북관계는 한치 앞을 내다볼 수 없을 정도로 위기로 내달리고 있다. 그러나 밤이 깊을수록 새벽은 가까이 온 것이라 믿는다. 그런 새벽을 준비하며 위기를 기회로 반전시키기 위한 노력이 필요하다. 그동안 북한의 보건의료를 돕기 위한 노력은 매우 다양하게 시도되었고 부분적인 성취도 있었다. 그러나 지속가능한 보건의료 협력의 모델로 내세울 만한 예는 안타깝게도 거의 남아 있지 않다. 남북으로 갈라진 한반도에 보건 의료인으로 살면서 내 동포가 당하는 처참한 고통을 치유하려는 노력이 부족했기 때문이다. 이제 보건 의료 교육을 통해 지속가능한 교류협력의 새 여정이 필요하다. 남북한 의료인들이 '남북으로 갈라진 독특한 환경변화가 특정 질병에 미치는 영향' 등을 공동 연구할 수 있다면 이것은 남북 모두에 큰 기회가 될 것이다. 또한 이 과정을 통해 북한의 연구 인프라 구축은 북한 임상 분야의 선진화를 기할 수 있는 계기와 동력이 될 수 있을 것이라 믿는다.

(주)한독제약과 MOU 체결

2016년 10월 20일에는 재단이사장인 나와 남북보건의료교육재단 김영훈 운영위원장과 김신곤 총무이사와 함께 의사출신인 (주)한독제약회사 대표회장 김철준, 부사장, 연구개발부장이 참석하여 강남구 역삼동 한독타워 19층에서 MOU를 체결하였다.

이 자리에서 나는 최근 남북 간의 긴장감이 고조되고 있지만 이럴 때일수록 보건의료와 같이 비정치적 영역에서의 돌파구가 필요하고 (주)한독과의 이번 협약이 차가운 남북관계를 녹이는 뜨거운 불씨가 되어 건강한 통일을 앞당기는 계기가 될 수 있기를 바란다고 말했다.

2016 남북보건의료교육재단과 (주)한독 업무협약 체결식

남북보건의료교육재단과 (주)한독은 보건의료교육을 매개로 남북 간 소통과 교류협력을 이끌고 건강한 통일을 선도하기 위해 상호 협력하기로 했다. 이번협약을 통해 한독은 사회공헌의 일환으로 남북보건의료교육재단이 추진하는 탈북 의료인 지원을 위한 장학사업과 북한의학 논문 연구 등을 지원하며 남북보건의료교육재단에서 추진하는 탈북 의료인 교육문화사업 활동 등에 동참하며 의료봉사활동을 위한 의약품 지원과 탈북 의료인 대상 리더십 프로그램도 운영할 계획이라고 밝혔다.

나는 동정, 연민(sympathy)을 가진 마음이 따뜻한 사람이 되고 싶었다. 주위엔 너무나도 힘들게 살아가는 사람들이 많았기 때문이다. 하지만, 지금은 동정이나 연민 보다는 감정이 이입된 공감(empathy), 나의 일처럼 느끼며 상대를 안아주고 위로해 줄 수 있는 마음을 가진 사람이 되고자 노력한다. 상대방이 어려움에 빠졌을 때 '그래? 참 안 됐구나(sympathy).' 하고 그치는 게 아니라 한 단계 더 나아가 '많이 힘들겠구나. 우리 같이 해결해 볼까? 안 되면 내가 함께 그 어려움을 나눠가질게(empathy).' 하는 마음을 가질 수 있게 되기를 노력한다.

언제 어디서나 나와 동행하시는 하나님

　남들은 내가 별장도 갖고 있고 아이들도 모두 성공시키고 손자는 하버드대학에 들어가고 남편도 세계적인 라이온스 국제이사가 되고 세상적인 영광은 모두 안았다고 부러워한다. 그러나 남편이 2014년 3월에 위암 3기 선고를 받고 위의 일부분을 절제한 후 2년 동안 항암요법을 무사히 마치고 완치진단을 받아 2014년, 2015년 연이어 97회 서울시의사회장단 가족과 함께 유럽으로 크루즈 여행을 갔었다.

　한 번도 남편과 한가하게 여행을 간 적이 없었다. 미국여행을 하자 또는 전국을 돌아다니며 여행을 하자고 해서 몇 번 같이 갔었지만 남편이 하도 원하니 할 수 없이 간 거였지 내가 원한 건 아니었다. 나는 그런 것에서 즐거움을 느끼지 못하는 것 같았다. 봉사하는 것에서 더 즐거움을 얻었다.

　그리고 시의원도 내 의지로 된 것이 아니었다. 특별한 그 무엇을 누리려고 하지도 않았고 항상 어디에 가도 내가 가진 이 신앙의 힘으로 누군가를 돕는 데 일조하고 행동으로 전도함으로써 내가 누리는 이런 복을 다른 사람들도 누리게 하자는 생각뿐이었다.

　가는 데마다 헐벗고 병들어 고생하는 사람들이 의외로 많았다. 평생 그렇게 가난한 사람들을 찾아 빈민촌에 다니고 방학이 되면 편안한 여행을 안 가고 캄보디아나 라오스나 베트남 등 남들은 잘 안 가는 열악한 지역으로 돌아다니는 나에게 우리 가족들이 서운

한 마음이 있는 것도 알고 있었다. 가족들과 시간을 많이 갖지 못하는 것에 대해 자녀들에게 미안한 마음이 있었다.

그런데 그런 곳에 가서 봉사하는 게 너무나 즐거웠다. 남들이 안하는 것을, 사람들의 발길이 닿지 않는 곳에 가서 아무도 할 수 없는 일을 할 때 그때 느끼는 그 보람과 기쁨은 이루 다 표현할 수 없다.

지금 내가 생활하고 있는 곳은 아래층엔 수영장이 있고 노래교실, 에어로빅을 할 수 있는 곳이 있고 셔틀버스가 여기 저기 데려다 주고 하루 종일 편안하게 즐길 수 있는 프로그램이 마련되어 있다.

그러나 나는 그 모든 것을 누리지 않는다. 잠을 자는 시간을 아껴서 멀리 있는 요양병원에 가서 진료하고 회진을 하고 당직을 서기도 한다. 환자들이 밤에 자다가 침대에서 내려오다 넘어지면 큰일이다. 밤에 잠시 눈을 붙이고 아침에 와서 또 일한다. 평생 그런 생활의 연속이었다.

나의 이런 모습을 보고 사람들이 상을 주겠다고 하지만 그런 것에도 연연해하지 않는다. 무슨 상이나 심지어 훈장을 주겠다고 서류를 써내라고도 한다. 그러나 내가 그렇게까지 해서 요란하게 내가 한 일을 알리고 싶지 않았다. 물론 그동안 상이나 감사패 등을 많이 받았지만 내게 주겠다는 수많은 표창과 상들을 대부분 양보했다. 나는 앞으로도 봉사의 삶을 살며 노인복지와, 배고픔과 질병에 시달리는 난민을 위한 의료복지 서비스를 제공할 꿈을 꾼다.

2015년 11월 11일 비바람이 휘몰아치는 밤, 퇴근하는 올림픽대로에서 갑자기 차에 시동이 꺼졌다. 보험회사에 전화를 걸려고

서울시니어스 강서타워에서 새해 인사(왼쪽에서 두 번째 나)

보니 충전을 못해 전화기의 배터리가 방전되었다. 히터도 안 들어와 다리부터 점점 굳어갔다. 자동차를 구입한 지 얼마 안 되어 시동이 꺼진 이유도 찾을 수 없었고 밖에는 120km로 달리는 차들을 비바람 맞으며 멈춰 세울 수 없었다.

차안에서 2시간 동안 '제 죄를 한 번만 더 용서 해주시고 이 문제를 해결하고 살길을 열어주세요.' 하고 기도드리고 깜깜한 창밖을 보니 반딧불 같은 불이 반짝거렸다. 문 열고 나가보니 어떤 젊은이가 차를 세우고 담배를 피우고 있었다. "저 좀 도와주세요!" 그는 아내가 대전에서 출산해서 다섯 살 된 아들을 데리고 아내에게 갔다가 다시 서울로 가는데 아들이 소변 마렵다고 해서 잠시 차를 세웠다고 한다. 하나님께서는 그 천사를 통해 내가 가입한 보험회사에 전화를 연결시켜주었다. 하나님, 또 한 번 감사드립니다. 여호와 이레(여호와께서 준비하신다)!

에필로그
나의 필요함을 아시고 내 간구를 들어주시는 하나님

요즘 내 기사를 쓰고 싶다고 여기저기서 연락이 온다. 조선일보, 스포츠조선, 스포츠서울에서 전화가 오면 나는 "영화배우도 축구선수도 아닌 나를 왜 인터뷰하려고 하느냐?"고 묻는다.

사람들이 나 문용자에 대해 관심이 많아 인터뷰 기사를 실으면 책이 잘 팔릴 거라고 한다. 어제도 연락이 왔었는데 스포츠서울과 스포츠조선이 경쟁하는 것 같았다. 인터뷰 요청을 거절하니까 내가 가운 입은 모습을 그림으로 그려서 표지에 낸 잡지도 있었다. 박근혜 대통령과 반기문 사무총장하고 나를 같이 표지에 내세운 잡지도 있다. 그 내용이나 기사를 떠나서 나 문용자가 대체 무엇이기에 이런 내 사진으로 그런 표지를 만들게 됐는지 의아하다. 나는 의사일 뿐인데 왜 모든 사람들이 주목하는 대통령의 손을 잡고 함께 찍은 사진이 거기에 나왔는지 자꾸 생각하게 되었다. "하늘과 땅의 모든 권세를 내게 주셨으니(마태복음 28장 18절)." 그저 감사할 따름이다.

월요일엔 내가 쉬는 날이다. 쉬는 날엔 정리해야 할 일이 많아 밤을 꼬박 새우다시피 한다. 평소에 출퇴근길에 차를 타고 운전할 때는 찬양 듣고 말씀 듣고 한 시간을 운전해야 한다. 병원에 가면 회진 한 바퀴 돌고 환자들의 상태를 보고 어느 때는 야간당직도

하면서 이렇게 시간을 보내고 있다.

  제3자가 나를 볼 때에는 남부러울 게 없을 텐데 뭐가 답답해서 80살이나 된 지금까지 진료를 하러 다니는지 의아해한다. 그러나 이 모든 것은 나를 위한 게 아니다. 요즘에도 매달 내가 보내주는 돈을 필요로 하는 곳이 있기 때문이다.

  오래전부터 우리 부부는 함께 운영하는 지성웰빙병원에서 숙식을 했다. 봉사에 모든 것을 바쳤기 때문이다. 남편도 마찬가지다. 자식들이 모두 잘 자라주었는데 나이 들어 좋은 집이 뭐 필요하냐고 하며 집을 처분해 여기저기 필요한 곳에 모두 나누어 주었다.

  내가 전쟁 끝나고 잿더미 속에서 어떻게 진학을 하고 졸업을 하고 이화여대를 들어갈 수 있었는지 나는 모른다. 만일 이대에 들어가지 않았다면 김활란 총장을 만나지 못했다면 그리고 내가 어떻게 졸업을 하고 또 국립의료원에 들어가게 됐는지 하나님만이 아시는 것이다. 나의 필요함을 아시고 내 간구를 들어주시는 하나님이 언제나 나를 지켜주시고 인도해 주시고 계신다는 것을 실감할 때 감사하고 감사할 뿐이다.

  내가 예전에 강남구의사회 회장이었지만은 지금은 병원이 다른 지역에 있어서 강남구 후배의사들을 자주 만나지 못했다. 얼마

전 후배들이 초청해서 강남구의사회에 갔더니 후배의사가 자신의 책에 사인을 해서 내게 주었다.

"김 원장은 책을 대체 몇 권이나 쓴 거야?" 하고 물었더니 "사실 저보다 선배님이 책을 내셔야 해요! 선배님이 살아온 역사를 책으로 남겨주셔야 저희가 의료인으로서 사회생활과 가정생활을 어떻게 했는지 본받을 수 있지요. 오늘날 모든 후배들이 우러러보는 세계적인 선배가 되었으니 후배들을 위해 책을 좀 내시죠."라고 하며 주선해 주어 생각지도 않았던 일이 시작되었다. 내가 아는 모든 사람들이 내 자서전을 보게 된다고 생각하니 부담이 되었지만 기도하고 차분히 써보기로 했다.

우리 소망교회 곽선희 목사님이 책을 무척 사랑하시기로 소문이 났다. "하나님이 그렇게 많은 일을 주셨는데 감당하려면 어떻게 해야 됩니까?"라고 물었더니 "자기가 했나? 하나님이 해주셨지!" 하시면서 출판으로 선교하고 전도를 해야 한다고 하셨다.

올해 유난히 더웠던 여름날 이 자서전을 준비하느라 정신없이 보내고, 가을이 되어 마무리 작업을 하던 중에 내 남편 신요철 박사가 갑자기 별세했다. 황망한 가운데 장례식을 치르고 나서 지금의 설명하기 어렵고 참담한 심정을 그리고 훌쩍 떠나버린 남편에 대한 얘기를 하고 싶다.

2014년도에 내 남편 신박사가 위암을 진단 받았으나 치료하여 2016년도에 완치가 됐다. 그 사이에 함춘회 모임에도 가고 크루즈 여행도 가고 당뇨로 시원찮은 치아를 임플란트로 하느라 고생을 많이 했다.

그동안 나는 10년째, 해마다 한국기독여자의사회와 의료선교를 나갔다. 이번에도 8월 12일부터 17일까지 네팔에 다녀왔는데 가기 전에 남편을 이대목동병원에 입원시켜 MRI를 찍었다. 결과는 깨끗했고 오히려 나보다 뇌혈관은 더 건강하다고 했다.

내가 떠나고 없는 사이에 우리아들과 미국으로 유학 간 친손자가 와서 남편과 같이 사진도 찍고 즐겁게 지냈다고 했다. 내가 17일에 집에 돌아 왔을 때도 건강해 보였다. 그동안 딸들도 와서 함께 즐거운 시간을 가졌다고 했다.

그 무렵 나는 자서전 준비하느라 사진을 전부 정리하고 병원에 가서도 거기에 몰두해 있었다. 주일날 근무하고 월요일 아침 집에 올 때 내가 근무하는 병원에서 10분 거리에 있는 남편이 근무하고 있는 병원(위드미 요양병원)에 들러서 같이 와야 되는데 깜빡 잊고 그냥 왔다. 집에 와서 남편한테 미안하다고 전화를 걸었더니 "어, 점심 먹고 이따 갈게." 하더니 기다려도 오지 않았다. 왠지 불안했는데 전화가 왔다. "혹시 무슨 일 있어요?" 물으니 "예, 쓰러지셨습니다."라고 했다. 저혈당 쇼크인가 했는데 아무래도 뇌에 문제가 있는 것 같다고 동료의사가 말했다. 뇌출혈 아니면 뇌경색일 거라고. 골든타임인 3시간 전에 빨리 가면 회복할 수 있다고 했다. 그때가 6시였고 길병원으로 급히 모시고 갔다.

그런데 5시간 반 동안 수술을 하고 나오더니 당뇨병이 있어서 출혈이 멈추지 않는다고 했다. 그 다음날 아침 7시 큰딸 혜정이가 이대목동병원으로 모셔 와서 피를 다 긁어냈는데 긁어냈던 만큼

다시 뭉쳐 있었다. 왼쪽뇌혈관 가운데 큰 혈관이 터졌고 이것은 넘어져서 생긴 외상이 아니라 수술해도 자꾸 출혈하며 피를 빼내고 지혈제를 써도 소용없다고 했다. 당뇨병으로 인한 합병증 때문인 것 같았다.

그러니까 이 양반이 전화로 내게 한 말 "점심 먹고 이따 갈게." 이것이 내게 한 마지막 말이 되었다.

남편은 53년간 나와 살면서 나한테 거의 불평을 하지 않았다. 병원에서 입원환자를 같이 볼 때 환자가 돈이 없다고 하면 나 몰래 "문 박사 알면 안 되니까 새벽에 살짝 나가라."고 보내주고 그렇게 늘 베풀었던 사람이다. 라이온스 국제이사 동남아 대표를 하면서도 벌기만 하면 안과 개안수술 등 봉사를 하는 분이었다.

학교 다닐 때 4·19 당시 서울의대 총학생 대표였던 내 남편은 이승만 박사의 하야를 권유하러 가운을 입고 들것을 들고 경무대까지 들어갔다가 헌병이 총을 딱 겨누니까 "나는 죽는 사람 구하러 왔다. 그러니까 나한테 총을 겨누지 마라."고 했던 의협심도 있는 분이었다.

집에 와서는 생전 말을 안 했다. 내가 하는 대로 지켜만 보고 "나 이렇게 생각하는데 어떻게 생각해?" 하면 "알아서 해, 나는 몰라. 알아서 해." 하고 나를 믿어주었다.

젊어서도 결혼하자마자 병원생활만 하느라 결혼기념일도 한번 못 챙겼고 칠순 잔치를 힐튼호텔에서 병원 간호사들과 라이온스가 해줬지 내가 해준 것은 없었다. 부부로서 성경도 같이 읽고 같이 새벽기도도 함께 나갔어야 했는데, 8월에 네팔에 간 것도 남편과 같이 갔어야 했는데 그렇게 투병하고 외롭게 있는 사람을 혼자 두고 네팔에 갔던 것을 생각하면 너무나 가슴이 아프다.

남편은 서울의대에서 위암 전공으로 박사학위를 받았다. 위암 수술을 100번이나 한 자신이 위암 말기라는 걸 알게 되었다. 2년 반 동안 항암치료를 받았고 완치 판정을 받았다. 회진하다 뇌출혈로 쓰러졌고 편안한 얼굴로 운명하였다. 내가 없는 사이 딸아이가 와서 함께 하는 시간에 찬송 309장(나 같은 죄인)을 자주 부르곤 했다고 한다. 본인이 말하길 소망 수양관에 가서 자연장으로 해달라고 했다.

내 남편 신박사가 그렇게 가고 나니 혼자 있으면 남편을 생각하는 시간이 많아졌다. 내가 하나님의 뜻을 어겼구나. 평생 내가 세계를 몇 바퀴 돌고 그렇게 일을 했으면 네팔, 거기 한 번쯤은 안 가도 되지 않았을까 하는 회한의 눈물을 흘리곤 한다.

그렇게 임플란트 하고 양복 맞추고 신발 사놓고 9월 말에 친구들과 여행가는 날을 기다렸을 텐데. 나이가 팔십일 세에, 내가 옆에 배우자로서 같이 있어줘야 했을 것이다. 내가 평생 세계 여러 나라 다니고 북한으로 평양으로 개성공단에 일주일에 한 번씩 가서 우리병원에 있는 기계, 약 다 퍼다 주어도 그 양반은 내게 말 한마디 안했다. 월남에 병원 세울 때 한 번도 사용하지 않은, 우리 병원에 있던 5,500만 원짜리 올림푸스 내시경까지 가져가도 아무런 말이 없었다.

"네 옆에 신 박사 있어봤자 너는 너대로 일하니까 네 남편 내가 데려간다."고 하시며 하나님이 데려가신 것만 같다. 뼈아프게 후회하고 있다. 내가 네팔 갔다 와서 5일 만에 쓰러지셨다. 말은 안 해도 나 없을 때 아줌마가 차려주는 밥을 먹으며 얼마나 외로웠을까. 거기다 돌아와서도 토요일, 일요일에 나는 당직한다고 나가니 남편도 "나 여기 혼자 있으면 뭘 해." 하면서 인천으로 당직하러 나갔다.

최근에 아들이 "엄마, 아빠 회복되었으니까 일본에 같이 가요. 10월에 나 일본 가니까 아빠, 엄마 모시고 갈게요." 하고 말했을 때 "알았어. 갈게."라고 했더라면 얼마나 좋았을까. "야, 무슨 일본을 가!" 하고 거절하고 말았다.

사실 일본에 가지 않은 건 내가 쉬는 것보다는 힘들더라도 내가 근무하는 병원의 환자를 치료하고 "선생님, 혈압이 내렸습니다. 잠 잘 잤습니다." 그런 말 듣는 게 수천 배 기쁨이 있었기 때문이었다.

아들이 많이 울었다. "10월에 아빠, 엄마 결혼기념일이에요. 엄마는 생일도 없고…… 아빠, 엄마 이번에 꼭 모시고 싶어요." 했는데 일중독에 빠진 내가 거절한 것이다. 그 생각이 날 때마다 너무나 후회되고 안타까울 뿐이다.

언젠가 김지철 목사님이 "이제 위암 다 나으셨으니 교회에 나란히 손잡고 오십시오." 했었지만 한 번도 함께 가보지 못했다. 주일날 영등포 영은교회에 같이 가곤 했지만 나중에 나는 주일날 시흥에 가서 환자들 50명과 함께 예배드렸다. 나는 그게 하나님을 기쁘게 하는 일인 줄 알았다.

남편하고 같이 손잡고 교회에 가지도 않았고 그 양반도 나도 근무처에서 따로 예배를 보았다. 이 세상에 나 같은 죄인이 없다고 계속 울었다. 후회해도 소용이 없었다. 생각할수록 더욱 가슴이 터질 듯 아프다.

나는 일해서 번 돈으로 정성으로 십일조도 바치고 봉사도 하고 헌금도 내고 남북의료재단 만들고 또 북아해사랑단에 돈을 모아 주고…… 이런 것만 생각했지 내 바로 옆에 있는 내 가족, 내 남편을 생각 못 했다.

나는 이제 남은 시간을 주님이 주신 여러 소명 중에 내 생각대로가 아닌 하나님이 기뻐하실 일만 하고 싶다. 지난날 내가 남편에게 좀더 잘했더라면 하는 마음뿐이다. 이제 자녀들이 모두 훌륭하게 성장하여 더 바랄 것이 없으며 앞으로 내게 주어진 여생, 의료선교와 전도하는 것으로 보낼 계획이다. 하루하루 매순간 기도하며 남편이 못다한 일을 하며 지내려 한다.

"너희를 능히 견고하게 하실 지혜로우신 하나님께 예수 그리스도로 말미암아 영광이 세세 무궁하도록 있을지어다. 아멘(로마서 16장 25절~27절)."

이화 의인(醫人) 박에스더상을 수상한
문용자의 자전적 에세이

내게 능력 주시는 자 안에서
I can do everything through him who gives me strength

프로필

학력

1956년 경북여자고등학교 졸업

1962년 이화여대 의과대학 의학과 졸업 의학학사 취득

1962-1964년 National Medical Center 인턴, 일반내과 전문의 과정 수료

1974년 서울대학교 의과대학원 졸업 의학 석사학위 취득

1980년 서울대학교 의과대학원 졸업 의학 박사학위 취득

1996년 서울대학교 환경대학원 도시공학과정 이수

1997년 연세대학교 보건대학원 노인복지과정 이수

1998년 고려대학교 노동대학원 고위과정 이수

1998-1999년 영국 Oxford kellogg College Leadership 과정 이수

2002년 이화여대 Advanced Leadership Program Society(ALPS) 수료

의료분야경력

1970-2013 영등포 지성 종합병원 진료부장겸 종합검진센터장

1976년 강남구 압구정동 현대의원 개설

1990-1995년 서울시 의사회 섭외 이사, 감사, 의료분쟁 정보센터 소장

1990-현재 한국심장병어린이보호회(Save the Children) 여의사 후원회장

1993-1995년 이화여자의과대학 11기 동문회장 겸 동창이사

1998-2000년 제 9대 강남구 의사회 회장

1998-현재 베트남 하노이시市 석산마을 The Red Cross Sunny Korea 병원 후원회장

1995- 현재 국립의료원(N.M.C) 동문회 회장

1992- 2005년 대한의사협회 의정회 홍보이사

2005- 현재 대한의사협회 고문

2005-2014년 중국 광동성 신천지역 공장 직원 무료건강검진

2007-2010년 (재)Green Doctors 상임 공동대표(개성공단 개성남북협력 병원장)

2007- 현재 세계결핵 Zero 본부 대외협력위원장

2008- 현재 의사협회 남북한 협력위원회 고문

2010-2013년 한센인 정착촌 전국 55개 구역 순회무료진료 단장

2012-현재 (사)북아해사랑단(나진, 선봉 및 북한 전역 고아어린이 3만3천

명 대상) 대표 단장

2013-2014. 7 영등포 사랑재활요양병원 원장

2014. 11-2015. 10. 5 경기도 김포시 풍무동 985번지 청심실버병원 내과전문 원장 역임

2015. 11-현재 한울 요양병원 내과 과장

2015-현재 (사)남북보건의료교육재단 이사장

2015-현재 (재)통일과 나눔(통나무) 공동대표(조선일보, TV 조선 주관)

2016. 1 중국인민공화국 상해 시장으로부터 한중 건강의료분야 홍보대사 임명

2016. 8 네팔의료선교(대한기독여자의사회)

국제대회 참석, 의료 선교 및 봉사활동 경력

1993. 3월 베트남 호치민 하노이 시 정부 보건복지부 특사 파견

1986-현재 심장병 어린이 치료센터(Save the Children) 여의사 후원회장

1993. 9월 몽골 울란바토르 국립 종합병원 방문, 약품전달 및 의료진료

1996. 5월 중국 북경시장, 위생부장(보건부장관) 초청 특사 파견(보령약품 김성훈 회장과 동반)

1998. 5월 구소련 연방 우크라이나, 키에프(강남구의사회 회장), 알마타, 러시아 최북단 꼬르보스키 지역 방문 및 무료진료

2000. 5월 National Women's Political Caucus San francisco in U.S.A.(힐러리 상원의원 선거전략) 초청 참관 방문

2001. 3. 23-25 캄보디아 프놈펜 National Women's Political Caucus (나우만 재단)초청 패널 토론자로 참석

2002. 8월-2012년 8월 중국 광동성 심천지역, 신간선지역 각 공장의 청년 직원 신체검사 및 무료진료 실시

2003. 7월 아프리카, 에티오피아 내 4개 지역 무료진료 진료부장(소망교회 의료해외 선교부)

2004. 9월 스리랑카(초등학교 설립), 파키스탄 지진 홍수 구호 및 무료진료 (의사협회 의료팀 대표)

2005. 2월 1차 라오스 최북단 우둠싸이 지역 1차 무료진료(3천 5백 명)

2005. 9월 베트남 하노이 Suksan 지역 Red Cross Sunny Korea Clinic 병원 건립 후원회장

2006. 2월 2차 라오스 우둠싸이 지역 2차 무료진료(소망교회 의료해외선교부 주관 / 2천 3백 명)

2006. 8월 파라과이 Ascon시 의료선교 및 무료진료(2천 8백 명)

2006. 10월 북한 평양 한민족(광복회) 여성대표로 10.3 단군제 행사 참관 및 산부인과 병원 시찰

2006. 11월 중국 청도 유방시와 경제협력을 위한 자매결연(강남구 민주평통협의회) 대표

2007. 2월 3차 라오스 우둠싸이 지역 3차 무료진료(1천 850명)

2007. 4-2010년 개성공단 남북협력병원 개설 및 운영(그린닥터스 공동대표 추대)

2007. 9월 동아시아 태평양 Extravaganza 한국대표로 참석(싱가포르)

2009. 2월 4차 라오스 우둠싸이 지역 4차 무료진료(원주민 2천 명), 영어학원 설립

2009. 7-8월 중국 우르무치, 우즈베키스탄, 키르기스스탄(서울시 의사회장단 및 임원) 진료

2007-2010년 (재) 그린닥터스 공동대표 및 서울시 수석공동대표 개성공단 개성남북협력병원 운영 및 건립추진위원장 역임

2013. 2월 8일-12일 필리핀 나보타스시 쓰나미 지역 해상 판자촌 무료진료 (한국여자의사회와 동참)

사회 정치 경력

1995-1998년 : 서울특별시 의회 의원(강남 2지역구 제 4대 시 의원), 보건복지위원장 역임

1996-2009년 : 서울특별시 여성단체분과 위원장

2002-2010년 : (사)한국여성 정치연맹 서울시연맹 회장, 명예 회장(현)

1997-2008년 : 전국 광역시 의원 협의회 한나라당 여성협의회 회장

1995-2010년 : 새누리당 중앙위 보건복지위원장, 부의장

2002- : 새누리당 상임고문

2012-현재 : (사)북아해사랑단(나진, 선봉 및 북한 전역 고아어린이 3만3천 명 대상) 대표 단장

1988-2014년 : 대통령 직속 헌법기관 민주평통 자문위원회 상임위원

1990-현재 : 한국심장병어린이보호회(Save the Children) 여의사 후원 회장

1998-현재 : 베트남 하노이 · 석산마을 The Red Cross Sunny Korea 병원 후원회장

2007년 : (사)효문화 사랑나눔, 전국실버하모니카대회 주관(대회장)

2008-2015. 11. 7일 : (사)효문화 사랑나눔, 전국실버하모니카대회 주관(대회장)(장소: 국회 헌정기념관 450명 참석)

2014-현재 : 통일보건의료학회 2015년 추계학술대회 대회사(대외협력이사

위촉)

2015-현재: (사)남북보건의료교육재단 이사장

2015-현재: (재)통일과 나눔(통나무) 공동대표(조선일보, TV 조선 주관)

상 훈

1994년 1월 울림교육원 교장 선교관 제공에 대한 감사패

1998년 보건복지부 장관 대상

2000년 대통령표창(김영삼 대통령 서울시 광역의원 표창 대상)

2003년 2월 강남구의사회 회장 역임에 대한 공로패

2005년 10월 save the children korea 여의사 직능후원회 회장 위촉

2011년 12월 보건복지부장관 한빛대상(한센인 55개 정착촌 무료진료에 대한 공로)

2011년 7월 민주평화통일자문회 상임위원 위촉장 겸 공로 표창장(박근혜 대통령)

2012년 12월 이화여자대학교 병원 건립 기금 후원에 대한 감사장(이화여자대학교 의무부총장 겸 의료원장)

2013년 Melvin Jones Fellow for dedicated humanitarian services lions clubs international foundation

2013년 3월 2013 대한민국을 빛낼 인물大賞 의료봉사부문 수상(보건복지부 장관상)

2015년 4월 이화의료원 발전후원회 위원 위촉(이화여자대학교 의무부총장 겸 의료원장)

2016년 1월 Oriental beauty valley - project seminar in Shanghai(韓中보건의료복지부문 홍보대사)

2016년 3월 자랑스런 이화 의인 박에스더상 수상

2016년 6월 사회공헌 의학인 창립 10주년 기념대상 수상(봉사대상)

근황

2016년 9월 9호선 전철역 공사장 지하 15M까지 가서 현장 시찰

2016년 10월 고대안암병원 유광사 홀에서 (사)남북보건의료교육재단과 통일보건의학과 공동 심포지엄 개최

2016년 10월 16일 KBS 한민족 방송 '보고 싶은 얼굴, 그리운 목소리' 금요

초대석에 출연

2016년 10월 20일 의사출신인 (주)한독 제약회사 대표회장, 부사장, 연구개발부장이 참석한 강남구 역삼동 한독타워 19층에서 MOU 체결

2016년 노원구 도시개발 주관 경춘선 무궁화호 철도를 개발하여 공원조성 현장 시찰

2016년 12월 19일 (사)남북보건의료교육재단 행사로 앰배서더 호텔에서 '함께 나누는 통일의 꿈' 개최

내게 능력 주시는 자 안에서

◀ 외할아버지가 세우신
현풍에 있는 교회

▼ 현풍에 있는 고향집, 여기서 어머니가
예수님을 직접 보셨다고 한다.

◀ 어린 사 남매와 함께 가족사진

▲ 논현동 집 계단에서 사남매

▲ 상진이가 받은 웅변 상장을 앞에 놓고 온 가족이 모였다

▲ 스케이트장에서 찍은 6살 멋진 상진이의 모습

내게 능력 주시는 자 안에서

▲ 희정이와 아놀드 거쉬윌러
영국스케이트 코치

▲ 희수의 무용경연대회 대상 수상으로
'우리집은 최고야' 온가족이 TV출연(진행자는 방송인 허참)

▲ 혜정 졸업, 희정 일시 귀국 기념 가족사진

◀ 희정 하버드대학 졸업
(총장과 경영대 원장과
함께)

▲ 막내 희수의 맨해튼 음대 대학원 졸업식

▲ 2013년 혜정이의 피아노 연주회를 마치고

◀ 더와이트 고등학교를 졸업하는
친손자와 우리 내외

내게 능력 주시는 자 안에서

▲ 한복을 입고 온 가족이 함께 논현동 집에서

◀ 서울올림픽 가두 캠페인 행진하는 우리 부부

▲ 라이온스 국제이사 출마 연설 전, 소망교회 목사님과 기도 (오른쪽이 남편)

▲ 무료진료 자원봉사(앞줄 왼쪽에서 네 번째가 나)

▲ 시의원 선거포스터

▲ 서울시 4대의원 개원식 기념

내게 능력 주시는 자 안에서

▲ 고대노동대학원 7기 졸업 故 노무현 대통령과 함께(왼쪽에서 세번째가 나 오른쪽 끝이 故 노무현 대통령)

▲ 고려대학교 노동대학원 7기 동문회 회장으로 대학원생들과 영국옥스퍼드 대학 연수

▲ 언니(문정자)가 모란장 수상, 변주성 걸스카웃 전 총재와 동생 문정웅과 함께(나는 오른쪽 끝)

▲ 2005년 베트남 선의재단 준공식 때 축사하는 나

▲ 베트남 하노이 석산마을에서 내가 깃발을 올리고 있다

내게 능력 주시는 자 안에서

▲ 2001년 5월 독일 나우만재단의 초청으로 캄보디아 프놈펜에서 'WOMEN IN POLITICS' 연설 하는 중

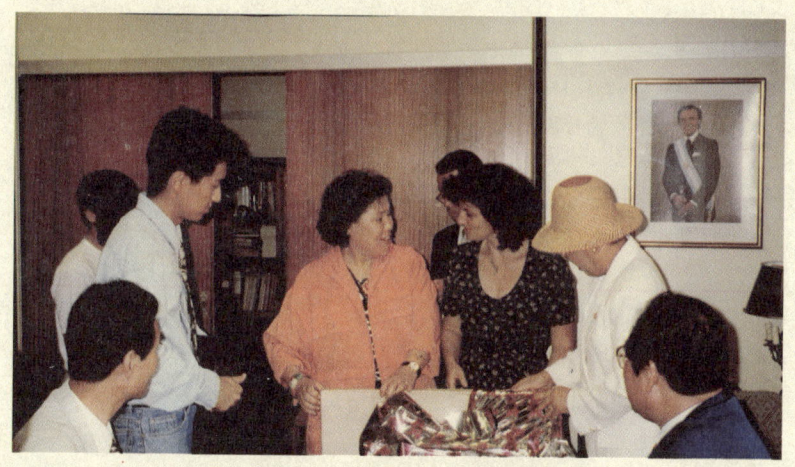
▲ 아르헨티나 보건복지부 장관에게 선물 전달

▲ 2003년 시의원때 소년소녀 가장의 편지를 받은 이회창 총재

내게 능력 주시는 자 안에서

◀ 당뇨병환자돕기 바자회
 (손학규 보사부장관과 함께)

◀ 장묘문화에 대한 시정 질의
 (연단에 선 내가 조순 시장에게
 질의하는 모습)

◀ 2005년 개천절 행사에
 초청받아 한민족 대표로
 평양 방문

▲ 남북보건의료교육재단 창립기념회(한가운데 꽃다발 든 사람이 나)

▲ 거실에 걸어놓고 매일 보는 가족사진

내게 능력 주시는 자 안에서

▲ 평양보건의료대학 설립 추진 위원회(앞줄 왼쪽에서 세 번째가 나)

▲ (사)남북보건의료교육재단과 (주)한독 MOU체결 (한가운데가 나)

▲ 상해동방미곡 산업단지 조성 착수식에서
   한중경제 홍보대사 임명장 받음

▲ KBS 한민족방송 이소연 아나운서와
   (보고싶은 얼굴 그리운 목소리)

▲ 이대 의대 동창회 학술심포지엄(한가운데 노란 옷이 나)

내게 능력 주시는 자 안에서

◀ 서울시 여성의원 발전 연구원 정기총회(앞줄 오른쪽에서 세 번째가 나)

◀ 용인 엘림기도원 전경

◀ 용인 엘림기도원에 정성들여 멋진 나무를 가져다 심었다

◀ 용인 엘림기도원의 폭포

▼ 등산로를 향한 용인 엘림기도원의 멋진 계단

▲ 2016년 9월 삼성의료원에서 남편의 장례식을 마치고